本书受到广西高校人文社会科学重点研究基地基金资助
本书系桂林理工大学现代企业管理研究中心系列研究成果

经济管理学术文库 • 管理类

“农超对接”项目绩效评价体系及应用实例

The Performance Appraisal System and Application Examples of “Supermarket-Farmer Direct Purchase” Project

罗晓春／著

经济管理出版社
ECONOMY & MANAGEMENT PUBLISHING HOUSE

图书在版编目（CIP）数据

"农超对接"项目绩效评价体系及应用实例/罗晓春著. —北京：经济管理出版社，2017.8
ISBN 978-7-5096-5141-4

Ⅰ. ①农… Ⅱ. ①罗… Ⅲ. ①农产品流通—效益评价—研究—中国 Ⅳ. ①F724.72

中国版本图书馆 CIP 数据核字（2017）第 126696 号

组稿编辑：宋　娜
责任编辑：晓　白
责任印制：黄章平
责任校对：王淑卿

出版发行：经济管理出版社
（北京市海淀区北蜂窝 8 号中雅大厦 A 座 11 层　100038）
网　　址：www. E-mp. com. cn
电　　话：(010) 51915602
印　　刷：北京玺诚印务有限公司
经　　销：新华书店
开　　本：720mm × 1000mm/16
印　　张：12.5
字　　数：129 千字
版　　次：2017 年 8 月第 1 版　　2017 年 8 月第 1 次印刷
书　　号：ISBN 978-7-5096-5141-4
定　　价：68.00 元

摘　要

“三农”问题是中国经济发展的核心问题之一，农超对接这种新型的农产品供应链系统是解决“三农”问题的有效途径，本书尝试从生态效益、经济效益、社会效益三个维度对农超对接项目进行效益评价研究，为项目综合效益评价指标体系的研究提供一个新的多维度视角，使消费者、农户、超市、合作社等供应链各利益相关者能科学地评价农超对接项目投资的价值，促进农超对接模式的健康发展。

本书运用供应链、项目管理理论以及模糊层次分析法展开分析研究。首先，在梳理现有研究成果的基础上，从供应链的角度分析了农超对接主要利益相关者的构成，阐述超市、农户、合作组织、消费者等不同利益主体的诉求；其次，运用层次分析法从生态效益、经济效益、社会效益三个维度设计农超对接模式评价指标；再次，针对农超对接评价的多属性决策特征，运用模糊数学方法构建了相应的模糊层次分析模型进行相应的分析评价；最后，选取C超市作为对象展开实证研究。研究结果表明，在农超对接的实际运行中，存在着供应链各相关利益主体之间缺乏利益对接机制、税收压力过高、物流费用及损耗高、模式单一等一系列问题。对此，本书针对超市提出了加强指导监督、规范农户行为、实施差异化经营的发展对策；针对合作社提出了加大产品的深加工、进行品牌化经营、开发市场、规范程序、规范标准的发展对策；针对农户提出了生产绿色低碳农产品、推行标准化生产的发展对策；针对供应链提出了树立合作共赢理念、建立信息共享平台、加强信息沟通、构建现代化配送体系、实施低成本战略的发展对策。本书的研究结论有利于引导被评价对象向正确的方向发展出一条农产品生产、采购、配送、存储、加工、销售一体化的完整产业链，为更有效地实施农超对接提供了有益的借鉴。

关键词：农超对接；综合效益；评价；模糊层次分析；项目

Abstract

Agriculture is one of the core issues of China's economic development, "agriculture super docking" this new type of agricultural products supply chain system is important to solve the three rural problems. This article attempts from the ecological benefits, economic benefits, social benefits three latitude on "agriculture super docking" project benefit evaluation research, provide a new multi latitude perspective for the study on the comprehensive evaluation index system of the project, so that consumers, farmers cooperatives, supermarkets, and other supply chain stakeholders to scientific evaluation "agriculture super docking" the project investment value, and promote the healthy development of the "agriculture super docking" model.

This paper makes use of the supply chain, project management theory and Fuzzy AHP analysis research. First of all, on the basis of the existing research results, from the perspective of supply chain analysis of the "agriculture super docking" major stakeholders, the supermarkets, farmer, cooperative organizations, consumers, the different interests of the main demand; secondly, using the method of AHP theory from the ecological benefits, economic benefits, social benefits three latitude design "agriculture super docking" model of evaluation index; thirdly, the "agricultural multi attribute decision making characteristics of super docking" evaluation, fuzzy mathematics method is used to construct the fuzzy hierarchy corresponding analysis model to analyze the corresponding evaluation; finally, in order to combine theory with practice, this paper selects the C supermarket as a study, research results show that, in the actual operation of the existing agricultural super docking, the lack of benefit docking mechanism between supply chain stakeholders, tax pressure is too high, logistics costs and high loss of single mode, a series of problems, which, according to the supermarket put forward to strengthen the guidance and supervision, standardize behavior of farmers, implement the development strategy of marketing cooperatives; to put forward to increase products deep processing, development brand management, market development, standardize the procedures, countermeasures for the development of standards for farmers; the production of low carbon green agricultural products, promote development of standardized production; in view of the supply chain is set up cooperation and win-win concept, the establishment of information sharing platform, strengthen the information communication, the construction of the modern distribution system, construction of low cost development counter measures culture. The conclusion of the study is helpful to guide the objects to be evaluated in the right direction to develop a set of agricultural production, procurement, distribution, storage, processing, and sales integration of a complete industrial chain, for the implementation of "effective agriculture super docking" provide operational reference.

Key words: agricultural super docking; comprehensive benefit; evaluation; fuzzy AHP; project

前　言

"三农"问题是中国经济发展的核心问题之一，农超对接这种新型的农产品供应链系统是解决"三农"问题的有效途径。近年来，随着物流基础设施的不断完善以及连锁超市、农民专业合作社的快速发展，使得农产品从原产地直接进入超市货架的农超对接模式成为一种可能。2013年1月31日发布的中央一号文件——《中共中央　国务院关于加快发展现代农业　进一步增强农村发展活力的若干意见》提出，鼓励和支持工商企业与农户的合作，工商企业的进入为农户提供育种技术、物流配送、营销推广等一系列服务，同时也为工商企业拓展了发展渠道。当前，政府和学者对农超对接模式的可行性、农超对接模式的优势等进行了广泛研究，成果侧重于"有没有"的问题，而对具体农超对接项目效益评价，即"好不好"的问题缺乏关注。而实际上，农超对接模式的成功与否，是终将脱离政府扶持而由市场经济检验的。在实际操作过程中，由于农超对接所构筑的供应链各节点所处外部环境各异，各自有着不同的利益诉求，因此，从生态效益、经济效益、社会效益等多视角对农超对接项目进行综合效益评价，有利于厘清消费者、农户、超市、合作社等各个节点在农超对接供应链的需求，并以此为基础调整供应链结构，实现多方共赢。本书正是在这种新形势下研究农超对接项目综合效益评价问题，尝试从生态效益、经济效益、社会效益三个维度对农超对接项目进行效益评价研究，为项目综合效益评价指标体系的构建提供一个新的多维度视角，使消费者、农户、超市、合作社等供应链各利益相关者能科学地评价农超对接项目投资的价值，促进农超对接模式的健康发展。

本书运用供应链、项目管理理论以及模糊层次分析法展开分析研究。

首先，在梳理现有研究成果的基础上，从供应链的角度分析了农超对接主要利益相关者的构成，阐述超市、合作社、农户、消费者等不同利益主体的诉求。

(1) 超市利益诉求主要表现在四个方面：①降低采购成本，提高竞争实力。超市希望可以通过与农产品合作社签订购销合同，获得稳定的货源，得到质优价廉的商品，提高企业的竞争力。②降低食品风险。随着我国《食品安全法》的颁布，超市经营生鲜农产品的责任和风险越来越大，超市希望可以通过直接采购农户的产品，降低食品的安全风险。③获得较高的投资回报率。超市作为市场经济中的一员，追求利润最大化是其最终目标。④获得相关政策的支持和鼓励。

(2) 合作社利益诉求主要表现在四个方面：①提高生产技术。合作社希望通过与超市的深度合作，引入现代化的管理理念，从而提升自己的管理能力，提高生产技术。②培育名牌农产品。合作社希望通过引导农产品生产的方向，带动农产品生产实现规模化，加强培育众多名牌农产品，提高合作社的竞争力。③获得较高的投资回报率。合作社通过与超市和农户的结合，希望获得原来中间商的那部分利润，取得较高的投资回报率。④希望获得政府部门在政策上、税费制度上和资金上的支持。

（3）农户利益诉求主要表现在三个方面：①较高的投资回报率。农户作为农产品的生产者，希望取得较高的投资回报率，得到较高利润。②提高抗风险能力。市场上的农产品经常出现“增产不增收”的现象，农户希望可以摆脱这种“怪圈”，在农产品增产的同时增加收入，避免出现西瓜、白菜等烂在地里的现象，提高自身的抗风险能力。③提高运输便捷性。农户希望通过由专业合作社、龙头企业或大型连锁超市等采用现代流通方式，及时、便捷地消化和分散他们的农产品，加快运输效率。

（4）消费者利益诉求主要表现在三个方面：①购买放心食品。消费者希望可以买到无公害食品、绿色食品、有机食品等健康食品，农超对接是对食品安全的保证，超市中对于农药的检测环节，可以保证农产品的使用安全。②低价实惠。消费者希望享受低价优惠的食品，超市的直接采购，可以减少供应链的长度，使商品价格低廉，并且超市明码标价，不会出现缺斤短两的现象。③优质的服务。随着消费水平的提高，人们的消费观念也发生了很大的变化，消费者不仅希望可以买到物美价廉的产品，更希望得到优质和多样化的服务。

其次，运用层次分析法从生态效益、经济效益、社会效益三个维度设计农超对接模式评价指标体系。

（1）生态效益指标。反映“超市+合作社+农户”农超对接模式生态效益方面的指标可细分为农药化肥使用率和可再生资源利用率 2 项具体指标，这反映了农业生产的生态化水平。“农药化肥使用率”这一指标用于反映每亩土地的化肥和农药的使用量；“可再生资源利用率”反映了可再生资源是否有效回收对于生态农业建设的重要性，是循环经济思想的体现。

（2）经济效益指标。反映“超市+合作社+农户”农超对接模式经济效益方面的指标可细分为农户投资回报水平、合作社投资回报水平、超市投资回报水平和消费者支出水平 4 项具体指标，这些指标反映的是“超市+合作社+农户”农超对接这种模式运作本身带给各利益相关群体的经济影响。

（3）社会效益指标。反映“超市+合作社+农户”农超对接模式社会效益方面的指标可细分为农户满意度、合作社满意度、超市满意度、消费者满意度、当地政府满意度、社会认可度 6 项具体指标，这些指标反映的是“超市+合作社+农户”农超对接这种模式的社会影响。其中，“农户满意度、合作社满意度、超市满意度、消费者满意度、当地政府满意度”反映了农超对接各利益相关者对此模式运营的认可程度，“社会认可度”反映了社会人士对农超对接模式的认可度，以及对其他产业产生的绿色生产带动效用。

再次，针对农超对接评价的多属性决策特征，运用模糊数学方法构建了相应的模糊层次分析模型，进行相应的分析评价。

由于对农超对接模式的评价从生态效益、经济效益、社会效益三个维度展开，其指标体系既包含定量指标，也包含定性指标，这决定了单纯使用某一种评价方法的局限性。农超对接模式评价就本质而言是一类多属性决策问题，因此，考虑到模糊数学可以将不易量化的因素定量化，能够较好地处理多因素综合评价问题的特性，可采用模糊层次模型进行农超对接模式评价，利用AHP将被评价对象各种复杂因素按照相互作用、影响及隶属关系划分成有序的递阶层结构，运用专家评定法确定各指标的权重，然后分层次进行模糊综合评价，得出综合评价结果。

最后，为了使理论与实际相结合，本书选取C超市作为对象展开实证研究，并对农超对接的发展提出了相关的政策建议。

研究结果表明，在农超对接的实际运行中，存在着供应链各相关利益主体之间缺乏利益对接机制、税收压力过高、物流费用及损耗高、模式单一等一系列问题，对此，本书针对超市提出了加强指导监督、规范农户行为、实施差异化经营的发展对策；针对合作社提出了加大产品的深加工、进行品牌化经营、开发市场、规范程序、规范标准的发展对策；针对农户提出了生产绿色低碳农产品、推行标准化生产的发展对策；针对供应链提出了树立合作共赢观念、建立信息共享平台、加强信息沟通、构建现代化配送体系、实施低成本战略的发展对策。本书的研究结论有利于引导被评价对象向正确的方向发展出一条农产品生产、采购、配送、储存、加工、销售一体化的完整产业链，为更有效地实施农超对接提供有益借鉴。

本书的出版，得到桂林理工大学管理学院院长连漪教授、经济管理出版社的大力支持与帮助，在此一并感谢！

书中疏漏之处在所难免，敬请同行批评指正。

罗晓春

2017 年 2 月于桂林理工大学

Preface

Agriculture is one of the core issues of China's economic development, "agriculture super docking" this new type of agricultural products supply chain system is important to solve the three rural problems, in recent years, along with the logistics infrastructure improvement and farmer specialized cooperative society supermarket chain, rapid development, agricultural products from the origin directly to the supermarket shelves "agriculture super docking" model as a possible. Released in January 31, 2013, a central—"the CPC Central Committee, the State Council on accelerating the development of modern agriculture, and further enhance the vitality of rural development certain opinions" put forward, to encourage and support the businesscooperation between farmers and industrial and commercial enterprises, to provide breeding technology, logistics and distribution, marketing and a series of services to farmers, but also expand the development channels for industrial and commercial enterprises. At present, the government and scholars on the "agriculture super docking" model, the feasibility of agriculture super docking mode advantages has been widely studied, results focused on the “no”, and the “agriculture super docking” project benefit evaluation, namely “good” lack of attention. In fact, “agriculture super docking” model is successful or not, will be separated from the support of the government and the market economy test. In the actual operation process, because “each node agriculture super docking” to build a supply chain in which the external-environment is different, have different interests, therefore, from the ecological benefits, economic benefits, social benefits and other perspectives on “agriculture super docking” projects for comprehensive benefit evaluation, will help clarify consumers, farmers supermarket, cooperatives, each node in the “agriculture super docking” supply chain demand, and on the basis of adjusting the supply chain structure, realize a win-win situation. This paper is a study of “agriculture super docking” comprehensive benefit evaluation of the project in the new background, attempts from the economic benefits, social benefits, from the perspective of “agriculture super docking” project benefit evaluation research, provide a new multi latitude perspective for the study on the comprehensive evaluation index system of the project, so that consumers, farmer cooperatives, supermarkets, and other supply chain stakeholders to scientific evaluation “agriculture super docking” project investment value, and promote the healthy development of the “agriculture super docking” model.

This paper makes use of the supply chain, project management theory and Fuzzy AHP analysis research. First of all, on the basis of the existing research results, from the perspective of supply chain analysis of the "agriculture super docking" major stakeholders, the supermarkets, farmer, cooperative organization, the different interests of the main demands of consumers.

(1) The supermarket interests are mainly in the following 4 aspects: ① to reduce procurement costs, improve competitiveness. The supermarket and hope that through the purchase and sale contract signed and agricultural cooperatives, to obtain a stable supply, get cheap goods, improve the competitiveness of enterprises. ② the reduction of food risk. Along with our country food safety law the promulgation of the supermarket fresh agricultural products, the responsibility and the risk is more and more big, the supermarket and hope that through the direct purchase of farmers products, reduce the safety risk of food. ③ and obtain a higher rate of return on Investment. The supermarket as a market economy, the pursuit of profit maximization is the ultimate goal of the related. ④ policies to encourage and support.

(2) Cooperative interests are mainly in the following 4 aspects: ① improve production technology. Cooperative hope that through cooperation with the supermarket, the introduction of modern management ideas to improve the management ability, improve

production technology. ② cultivate famous brand agricultural products. Hope to guide the direction of the production of agricultural products, agricultural production the realization of scale, strengthening the cultivation of many famous brand of agricultural products, improve Competitiveness. ③ to obtain a higher rate of return on Investment. Cooperative binding with supermarkets and farmers, hope to get a portion of the profits the middlemen, achieve a higher rate of return on investment. ④and to obtain the government departments in the tax policy, and funding on the support of.

(3) The farmers interests are mainly in the following 3 aspects: ① a higher rate of return on Investment. Farmers as agricultural producers, and hope to get a higher rate of return on investment, high profits. ② to improve the ability to resist risks. Market of agricultural products often have increasing output without increasing the cycle, the farmers hope to out of this vicious circle, increase income at the same time the agricultural production, to avoid the watermelon, cabbage rot in the ground phenomenon, improve their ability to resist risks. ③ improve the transportation convenience. Farmers hope that through the professional cooperatives, leading enterprises or large supermarket chains to use modern means of circulation, can easily digest the dispersion of their products, increase transport efficiency.

(4) Demand consumer interests are mainly in the following 3

aspects: ①buyrest assured food. Consumers want to buy the pollution-free food, green food, organic food, health food, "agriculture super docking" is the guarantee of food safety, in the supermarket for detection of pesticide use, can ensure the safety of agricultural products. ②low tech. Consumers want to enjoy low discount food, direct procurement of the supermarket, can reduce the length of the supply chain, the low commodity prices, and the supermarket price tags, not Quejinduanliang phenomenon. ③the quality of service. With the improvement of the consumption level, people's consumption concept has changed a lot, consumers not only hope to buy high quality and inexpensive products, want more variety and quality of service.

Secondly, using the method of AHP theory from the ecological benefits, economic benefits, social benefits three latitude design "agriculture super docking" model of evaluation index.

(1) Ecoefficiency indicators. Reflect the ecological benefit "supermarket + cooperatives + farmers" agriculture super docking mode index can be subdivided into pesticide and fertilizer use efficiency and renewable resource utilization rate of 2 indicators, reflecting the ecological level of agricultural production. "Pesticide and fertilizer use rate" of the index for the use of fertilizers and pesticides to reflect with per mu of land; "utilization" renewable resources reflect whether the effective recovery of renewable resourcces is important for

the construction of ecological agriculture, is the embodiment of the idea of circular economy.

(2) Economic benefit index. Reflect the "supermarket + cooperatives + farmers" agriculture super docking mode of economic benefit index can be subdivided into farmers' level of return on investment, cooperative level of return on investment, the supermarket level of return on investment and consumer spending levels 4 specific indicators, these indicators reflect the "supermarket + cooperatives + farmers" agricultural super docking this mode of operation itself to the economic effects of different interest groups.

(3) Social benefit index. Reflect the "supermarket + cooperatives + farmers" agriculture super docking mode of social benefit index can be subdivided into Farmers' satisfaction, satisfaction, satisfaction of cooperative supermarket, local government satisfaction, social recognition and 6 specific indicators, these indicators reflect the "social impact of supermarket + cooperatives + farmers" agricultural super docking of this model. Among them, "farmers' satisfaction, cooperative satisfaction, supermarket satisfaction, Consumer satisfaction, satisfaction with local government" reflects the degree of recognition of agricultural super docking of all stakeholders have mode operation, "the social approval" reflects the community pattern of agricultural super docking and recognition of other industry cooperation green production driven utility.

Thirdly, according to the "multi attribute decision to the" multi attribute decision making characteristic agriculture super docking evaluation, fuzzy mathematics method is used to construct the fuzzy hierarchy corresponding analysis model to analyze the corresponding appraisal.

Due to the evaluation of "agriculture super docking" model from the ecological benefits, economic benefits, social benefits three latitudes, the index system including quantitative index, also includes qualitative indicators, which determines the limitation of use of a kind of evaluation method. "Agriculture super docking" model of evaluation in essence is a kind of multiple attribute decision making problems, therefore, considering the fuzzy mathematics can be difficult to quantify the characteristics of the quantitative factors, better able to handle the problem of comprehensive evaluation of multi factors, a fuzzy hierarchy model of "agriculture super docking" model evaluation, will first be evaluation of the object of various complicated factors into the ordered hierarchical structure according to the interaction, influence and membership was divided by using the AHP method, to determine the weight of each index by using the expert evaluation method, and then the multi -level fuzzy comprehensive evaluation, the comprehensive evaluation results.

Finally, in order to combine theory with practice, this paper selects the C supermarket as a study, put forward the relevant policy recommendations on the development and agricultural super docking.

The results show that, in the actual operation of agriculture super butt in, there is a lack of benefit docking mechanism between supply chain stakeholders, tax pressure is too high, logistics costs and high loss of single mode, a series of problems, which, according to the supermarket put forward to strengthen guidance supervision, regulate behavior of farmers, implement the development strategy of alienation management; for the cooperatives to improve products deep processing, development of brand management, market development, standardize the procedures, countermeasures for the development of standards for farmers; proposed the development of production strategies for standardization production of green and low carbon agricultural products, supply chain; to set up cooperation and win-win concept, the establishment of information sharing platform, strengthen the information communication, the construction of the modern distribution system, construction of development strategy of low cost culture. The conclusion of the study is helpful to guide the objects to be evaluated in the right direction to develop a set of agricultural production, procurement, distribution, storage, processing, and sales integration of a complete industrial chain, for the implementation of "effective agriculture super docking" provide operational reference.

目　录

第一章　绪　论

第一节　研究背景与目的

一、研究背景

“三农”问题是中国经济发展的核心问题之一。长期困扰农业经济健康发展的原因，一是基于市场导向的农业投资较少，二是农产品销售渠道主动掌握权旁落。农产品中转环节损耗巨大，传统的农产品销售方式难以在消费者心中建立起安全信誉，也难以确认生态农业基地生产的优质农产品的价值，致使生产与销售脱节，消费引导生产的功能不能实现，农业结构调整、农民增收困难重重。2008 年 12 月，商务部、农业部下发《关于开展农超对接试点工作的通知》指出，要积极推进大型超市、农产品流通企业直接与鲜活农产品产地农民专业合作社进行农超对接。2009 年 6 月，商务部、财政部、农业部下发《关于做好农产品“农超对接”试点工作的通知》，“农户+合作社+超市”新型农产品流通模式逐步发展起来。2013 年 1 月 31 日发布的中央一号文件——《中共中央　国务院关于加快发展现代农业　进一步增强农村发展活力的若干意见》提出，鼓励和支持工商企业与农户的合作，工商企业的进入为农户提供育种技术、物流配送、营销推广等一系列服务，同时也为工商企业本身拓展了发展渠道。2015 年中央一号文件——《关于加大改革创新力度　加快农业现代化建设的若干意见》也提出鼓励创新农产品流通方式，积极推进合作社与超市、企业、社区、学校对接的战略规划。数据显示，通过农超对接，农民专业合作社的流通成本下降了 20%~30%，销售价格平均提高了 10%~20%，超市的采购价格下降约 10%，实现了农户、消费者、超市的多方共赢。

当前，政府和学者对农超对接模式的可行性、农超对接模式的优势等进行了广泛研究，成果侧重于“有没有”的问题，而对具体农超对接项目效益评价，即“好不好”的问题缺乏关注。而实际上，农超对接模式的成功与否，是终将脱离政府扶持而由市场经济检验的。在实际操作过程中，由于农超对接所构筑的供应链各节点所处外部环境各异，各自有着不同的利益诉求，因此，从生态效益、经济效益、社会效益等多视角对农超对接项目进行综合效益评价，有利于厘清消费者、农户、超市、合作社等各个节点在农超对接供应链的需求，并以此为基础调整供应链结构，实现多方共赢。本书正是在这种新形势下研究农超对接项目综合效益评价问题，以推动农超对接更好地推广与发展。

二、研究目的

由于“超市+合作社+农户”农超对接所构筑的供应链各节点所处外部环境各异，各自有着不同的利益诉求，因此，从生态效益、经济效益、社会效益等多视角对农超对接模式进行综合效益评价，有利于厘清超市、合作社、农户、消费者等各个节点在农超对接供应链的价值评价，并以此为基础对农超对接实施效果进行全面的分析和评价，客观反映该模式在实施过程中存在的问题及不足，最终提供决策性建议。

第二节 国内外研究现状

一、国外研究现状

农超对接出现于20世纪60年代，在国外发展较早，理论发展也较为成熟。

在日本，随着超级市场的发展，连锁运作形式应运而生，人们开始考虑流通渠道内职能分工的变化。日本学者林周二（1962）出版的《流通革命》一书，被视为农超对接的起源，书中指出日本的农产品流通渠道长，随着超级市场的发展会排除作为中间流通环节的批发企业。

20 世纪 90 年代后，随着世界经济一体化和国际贸易自由化的发展，超市的采购渠道发生了诸多变化。Reardon 等（2002）指出超市的采购系统发生变革，具体表现在采购渠道、采购地域方面：采购渠道由原来的依靠传统农产品批发商转为具有较好储存及运输能力的专业批发商；采购地域也逐渐拓展，转向区域化、国际化的方向。

Reardon 等（2003）在进一步研究的基础上指出，超市农产品种类逐渐多样化，超市销售生鲜农产品的做法正改变着人们的生活方式。

Tom Fox（2004）研究发现，在西欧通过超市销售的农产品已经基本覆盖整个农产品市场。

Andrew W. Shephed（2005）发现，农产品超市化在东南亚、日本等亚洲国家发展迅猛，对该地区小户生产农民造成巨大冲击，建议政府在信息、运输、资金等方面对小农户提供帮助。

随着超市采购系统发生重大变革，超市在采购产品时开始执行严格的质量安全标准，农户的生产模式发生重大变化，传统批发市场受到强烈冲击。Witsoe（2006）发现，制约农户加入农超对接的三大因素为农产品质量、农民素质以及农户信用。

Stokke（2009）研究发现，在帮助农民加入农超对接的初期，超市会增加成本。但随着合作关系的建立，农民生产技术的提高会使得超市获益。

Hernandez R.（2007）提出了农超对接模式给农户带来了众多优惠。农超对接供应链的发展能为农户提供稳定的收入渠道，提高农户种植技术水平，进而降低农户面临的市场风险。

Narasimhan 和 Talluri（2010）研究发现，随着市场的发展，农产品供应链中合作伙伴之间的关系日益紧密，合作风险日益突出，对农产品供应链风险加强管理显得特别重要。

Fainos Chokera（2014）在研究津巴布韦农业时采用了实地调查法，走访调查了 361 位农民，在采访中他提到农民对于销售信息了解较少，处于被动地位，并提出建议：在改造传统农业时，津巴布韦政府应当注重改造传统农业市场，对农民进行掌握农产品市场规律的培训以及缩短流通过程，直接建立购买关系。

关于农超对接项目的评价，Lewis（1969）指出，成本应在衡量供应链绩效的评价范围之内，为以后作业成本 ABC 法提供了理论依据。

Beamon（1990）在农产品供应链评价模型中引入了环境因素，该模型描述了农产品供应链与制造业、建筑业供应链等的不同之处，并调查了阻碍环境供应链发展的环境因素以及描述了农产品供应链发展面临的困难与挑战。

Liberatore 和 Milier（1998）将平衡计分卡（BSC）思想引入农产品供应链评价之中，进而对供应链进行了全方位的评价。

Beamon（1998）指出，可以从投入产出角度选取评价指标，也可以将指标分为定性指标、定量指标两类。

M. H. Nagel（2000）要求在农产品供应链范围内建成一种长期稳定的战略关系，并认为农产品供应链与传统供应链的区别之处在于：在原有供应链思想上强调保护农民利益，注重农产品质量安全，并强调农机推广率、抗风险能力具有关键性作用。

Fredrik Persson（2002）发现，影响农产品供应链绩效的三大重要因素是产品质量、产品成本及运输成本。

美国柏亚天管理咨询公司（Pittiglio Rabin Todd & Mcgrath，PRTM）参照供应链运作参考模型，构建了包括供应链响应时间、订货情况、生产柔性等指标的评价体系。

C. Junmo（2009）比较了模糊综合评价法和主成分分析法评价农产品供应链绩效的优劣势，为农产品供应链绩效的研究指明了方向。

二、国内研究现状

2008 年，商务部提出要积极推进大型超市、农产品流通企业直接与鲜活农产品产地农民专业合作社进行农超对接。随后国内学者围绕这一现实问题展开了大量研究。

关于农超对接现状及发展趋势。国内学者对于农超对接促进农业产业化、降低流通成本、促进农民增收及提高农产品质量安全等方面持认同态度。

胡定寰、曾祥明（2009）认为，农超对接有助于减少流通环节、降低流通成本，在增加农民收入、促进城乡统筹发展和推进农业现代化方面发挥着积极有效的作用。

夏倩雯（2010）总结出了农超对接的两点益处：一方面可以分享流通利润，另一方面可以对农民生产信息进行指导，提出在发展合作社时应对农超对接模式进行推广。

张浩、安玉发（2010）在对家乐福、物美超市及农业合作社充分调研的基础上，提出应重视发展生产组织、重视农超对接信息平台建设，并指出未来的发展趋势应以信息平台为支撑，实现农产品流通渠道扁平化，减少流通环节。

李东新（2011）认为农超对接能抑制物价增长、提高农民的生产效益和农产品质量，但在发展过程中也存在农民结款困难、农产品标准化程度低等问题。

傅一凡、张惠娜（2012）认为，农超对接将成为未来农产品流通的主要形式，在实施的过程中要特别注意保护农户的利益。

王锋（2015）认为，在农超对接的发展中，存在主体地位不对称、基础条件薄弱、内在机制不完善等问题，需要构建信用保障体系与利益保障机制、政策扶持体系与监督机制、农产品流通体系与产品安全追溯机制保障农超对接的运作。

关于农超对接运行机制。在农超对接运行机制的选择上，既要适应我国农村生产经营方式，又要实现农产品供应链环节上多方的共赢，这要根据我国各地区的现实情况，科学合理地构建农产品供应链模式。

申风平、吴涛（2011）分析了我国农户“多、散、小”的特点，总结了我国在近几年的发展中出现的几种主要模式，即以家乐福为代表的“超市+专业合作社+农户”模式、山东家家悦为代表的“超市+基地”模式、麦德龙为代表的“超市+龙头企业+农户”模式等。

王杜春（2013）以合作社的组织化程度、物流配送能力、参与对接意愿为调查重点，运用 Probit 模型分析了参与农超对接的可行性及影响对接的各种因素。

欧阳泉（2013）科学地分析了蔬菜水果具有价格波动较大、不易保存等特点，提出应建立健全采购与销售机制，进而为建立果蔬产品的价格预警机制提供指导。

李同彬（2014）从现行的农超对接形式入手，针对存在的问题，提出发展以物流企业为主导的农超对接运行模式。

鲍亚飞、徐胡涛（2015）指出，利益分配一直是研究农产品供应链的重点，文章从利益分配的角度建立了利益分配模型，研究发现在采取激励措施后可以有效协调供应链。

关于农超对接的实证分析。张浩和安玉发（2010）在农超对接模式兴起的背景下，以实际案例为研究对象，分析了传统流通体制存在的问题以及发展农超对接模式的优势与应注意的环节，提出应在生产组织、利益分配、信息平台建设和对接价值等几方面给予重视。

刘晓峰（2008）探讨了农户参与农超对接的意愿，利用湖北省相关数据，对影响农户交易成本的因素进行分析，并阐述各因素对农户参与决策的影响。结果表明，在农超对接中，农户的交易成本主要包括谈判成本、投资成本、执行成本、信息成本，这四种成本都会影响农户参与农超对接的意愿。

张瑜、姜方桃（2010）以江苏省连锁超市农产品流通现状为基础，认为农产品流通的竞争关键在于供应链中各节点合作伙伴的选择，并创造性地构建了合作伙伴评价指标，采用遗传算法探索实现合作伙伴的优化选择问题。

凌六一、胡中菊（2011）等以农超对接模式为背景，提出以利润共享合同来协调农户和超市在随机产出及随机需求下长期合作的方案。

李莹、杨伟民（2011）等分析了农超对接供应链中影响农民专业合作社参与意愿的因素，并应用 Probit 先行概率模型评估了各影响因素。

张静（2008）采用 EVA（经济增加值）分析方法，在供应链绩效评价特点的基础上，构建供应链绩效评价模型，以客户关系管理和供应商关系管理效果为研究对象，目的在于从利益分配与价值融合角度探索供应链绩效评价的问题。

关于农超对接绩效评价。林乐碳（2010）构建的农超对接绩效评价模型包括内部运行、对接协调、顾客价值、支撑成长四个方面。

李莹、杨伟民（2011）提出农超对接是准一体化的供应链管理行为，既非市场治理下的市场交易，也非科层治理下的要素交易，而是垂直治理的混合治理模式。在混合治理中，合作社、超市为实施主体，合作社在连接超市中，其组织特征、产品供给能力、行动决策对参与农超对接影响很大。

闫金玲（2013）运用主客观综合赋权法对影响农民专业合作社参与农超对接的影响因素进行排序和评价。

卢志丹（2013）运用综合评价法科学构建了影响农超对接效率的指标。

潘福斌、宋达（2014）建立了包括组成实体、内部物流运作流程、外部环境三方面因素的农超对接物流系统结构模型，模型包括 3 级共 24 个指标的绩效评价体系，并通过对福建省农超对接物流系统进行实证分析，找出影响农超对接的关键因素并提出改进建议。

周峻岗、尚杰（2015）使用 DEA 分析方法建立了流通效率模型，总结了评价指标体系，发现农超对接以及直销的流通效率是最高的。

三、国内外研究述评

通过对国内外文献的梳理，可以得出国外农超对接发展程度较高，目前超市已成为农产品销售的主要渠道，对于农产品供应链绩效的研究也逐渐成熟并深化到绿色农产品供应链等细分领域。由于农超对接模式在我国刚刚起步，成果主要集中于理论研究农超对接可行性和优越性方面，针对具体的农超对接过程中农产品供应链问题的研究较少；对农产品供应链的研究大多还停留在传统的农产品供应链模式中，没有考虑消费者、农户、超市、合作社等各个节点在农超对接供应链的利益诉求；对农超对接效益评价主要基于净现值法、平衡计分卡法等经济效益评价方法，而没有从生态效益、社会效益等多视角对农超对接项目进行综合效益评价。鉴于农超对接农产品供应链环境的变化，以及农业在我国的基础性地位，对农超对接项目综合效益评价进行研究，有助于针对新的经济环境从更广大的范围更好地响应中央号召，推广现代农业、商业联合发展新模式。

第三节　研究意义

农超对接这种新型的农产品供应链系统是解决“三农”问题的重要尝试，然而农超对接的纵深发展依赖于项目实施的综合效益评价推进。鉴于农超对接对于转变我国农业生产模式的重要性，以及对于农超对接“有没有”问题的共识，本书重点研究农超对接项目投资“好不好”的问题，尝试从生态效益、经济效益、社会效益等多视角对农超对接项目进行效益评价，在理论和实践上有相当重要的意义。一方面，能弥补传统效益评价方法存在的不足，完善农超对接项目效益评价体系，使消费者、农户、超市、合作社等供应链各利益相关者能科学地评价农超对接项目投资的价值，促进农业与商业共同发展；另一方面，为综合效益评价指标体系的构建提供一个新的多维度视角，促进农超对接项目效益指标体系的进一步发展。

第四节　研究思路与主要内容

一、研究思路

本书针对农超对接供应链各利益相关者的不同利益诉求，设计基于生态效益、经济效益、社会效益三个维度的农超对接项目综合评估体系，构建农超对接项目的模糊层次评价模型，以此为理论工具展开实证研究，如图 1-1 所示。

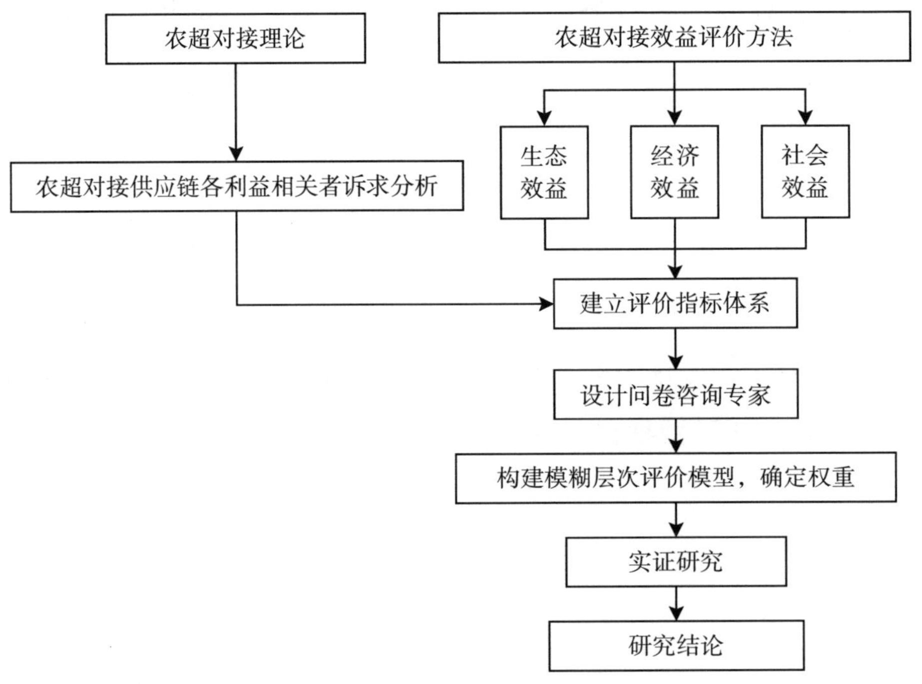

图 1-1　技术路线图

二、主要内容

图 1-2 为本书主要内容框架。

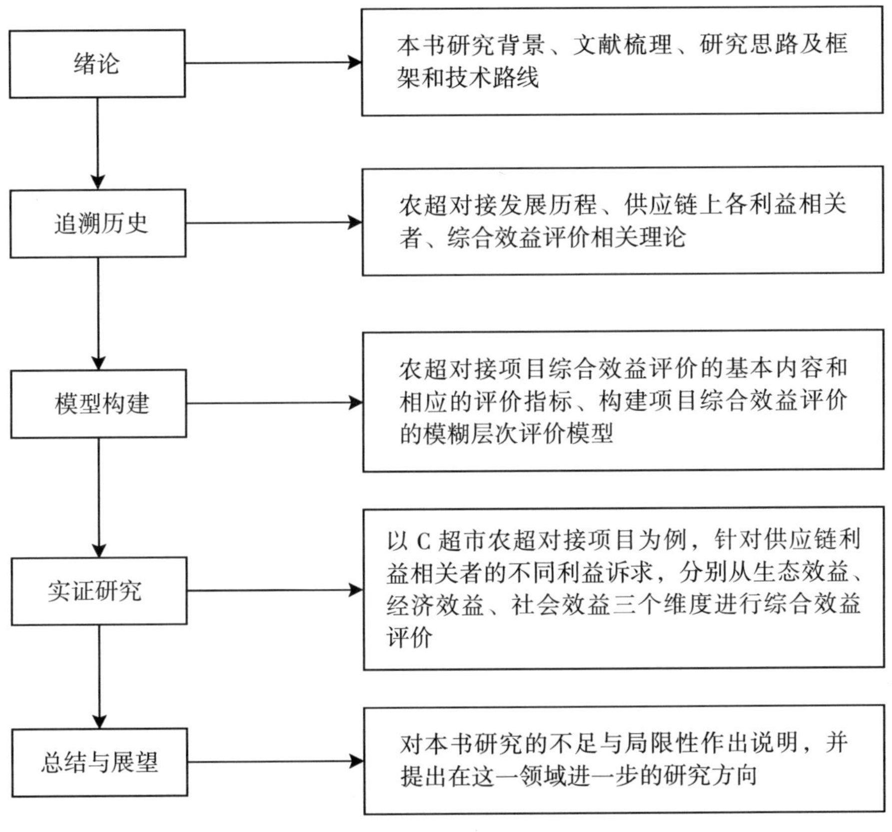

图 1-2 本书整体研究框架

第五节　研究方法

一、文案法

首先系统收集、整理国内外关于农超对接研究的文献资料，掌握国内外最新研究动态，分析目前研究的进展及存在的缺陷，获取与本书研究相关的背景资料和基础资料。主要包括政府鼓励农超对接发展的政策文件，研究农超对接运行机制和存在问题的期刊、学术论文、政策法规，研究中运用到的数据信息，文献研究主要运用 CNKI 、Science Citation Index-Expanded (SCIE) 等大型数据库和官方网站新闻报道等媒体形式。

二、实地调查法

主要包括调查问卷、农户和超市访谈资料。通过实地调查，获取第一手资料，为数理统计分析提供基础数据（殷慧慧，2016）。

三、数理统计法

本书综合运用了多种方法，在制定指标体系后，对各指标进行项目分析，检验了项目的平均性差异，经检验，所有项目都达到显著性要求，所有指标都通过了检验。

四、案例分析法

案例研究可以弥补数理统计分析的不足，并且对于构建的指标体系进行应用，可以丰富研究层次，提出更有针对性的建议。本书选用了三个经典案例进行系统分析，就具体案例所反映出的问题，提出了有针对性的建议。

五、比较分析法

在农超对接模式的内涵和模式的总结中，从不同模式的优势与劣势分析方面，运用同类对比分析方法，找出不同的模式间存在的差异性与统一性，作为适应性分析的基础。

六、问卷调查法

实证分析所运用的数据来源于顾客、超市、农户和合作社等方面的实地调研，通过与受访者进行面对面访谈，填写、整理调查问卷的方式来搜集研究数据。

七、模糊层次分析法

对在问卷调查的基础上所获得的统计资料，选择层次分析法（AHP）和模糊综合评判法（Fuzzy）相结合的分析方法，建立指标体系和评价模型，进而对评价结果进行分析。

八、系统分析法

系统收集、整理国内外关于农超对接研究的相关文献资料，掌握国内外最新的研究动态，分析目前的研究进展以及存在的缺陷，获取与本书研究相关的背景资料与基础资料；接着以一家连锁超市为例，设计调查问卷，实地走访农民合作社、分散农户家庭等，获取第一手资料，再从“四位一体”的消费者价值绩效、超市价值绩效、农户价值绩效与合作社价值绩效等各个方面进行系统的研究。

九、定性与定量研究结合法

首先运用定性的方法对农超对接的概念、发展现状，以及绩效评价的定义与特点等诸多因素进行分析，然后再采用定量分析方法，建立递阶层结构模型，构建两两比较判断矩阵，计算指标的权重，并结合专家打分法与指标权重的乘积，求得总体评价分数。

第六节　研究特点及存在问题

许多专家在其文献中主要采用几种“农超对接”模式之间的比较进行研究，而且多数以定性研究为主，定量研究较少。

首先，在绩效研究体系上，鉴于农超对接的模式，与国外专家学者相比，国内企业家及专家关注的焦点多集中在理论层面，目的是使应用层面更好地应用到农产品市场体系，使得市场体系逐渐成熟。因此，我国的农超对接模式需要建立、健全一套更适合中国国情的绩效评价体系，从而适应未来农产品采购模式的发展需要。

其次，在绩效研究方法上，国内专家研究成果和方法虽然很多，但整体性欠佳，现有的评价方法存在一定缺陷，有时过多依赖研究者的主观判断，在评分上也局限于个别专家的倾向性，随意性较大，评价结果往往不能反映客观实际。同时，很多研究者通过绩效研究提出的对策建议不具备现实的可操作性，导致研究成果不能转化为生产力，延缓了农超对接模式的发展。

第二章　研究的基础理论

第一节　农超对接概述

农超对接是指大型连锁超市对农户提出生产要求，并签订采购意向性协议书，直接向农产品生产基地采购农产品，并组织配送到门店的流通方式。农超对接实现了以下效用：

一是加速带动了农业产业化发展。通过市场拉动和连锁零售龙头企业带动，当地种植业发展良好，打破了政府引导农民进行优质、放心农产品种植的市场销售瓶颈。

二是有利于广大消费者放心购买绿色农产品。在与连锁超市的合作中，逐渐打造当地特色农产品在大城市市民中的优质形象，利用农超对接平台打造地域农产品品牌。

三是有利于促进统筹城乡发展。延长农业产业链条、激发优质生产资料、优化农产品流通方式以及提高物流运输业从业者的就业积极性，拉动相关产业经济发展。

四是有利于农民收入水平的提高。最大限度地解决了农户生产与销售的后顾之忧，推动了当地农业合作社和其他农业生产经营组织的正规化、规范化建设，提高了农产品质量安全保障水平。

一、农超对接研究脉络

我国学者对农超对接的研究大致可分为三个阶段。

第一阶段：认为农超对接即“基地+超市”，如姜增伟（2009）等学者指出，农超对接中的“农”指单纯的农产品生产者，“超”则是指单纯的超市。然而，就现实状况而言，中国的农业还远未实现现代集约化生产，仍然是劳动密集型行业，在空间分布上存在很大的分散性，并且所谓的基地规模也很有限，进而导致无法形成规模化的物流配送服务，农产品与超市的对接基本上流于表面，可操作性差。

第二阶段：农超对接为“农户+合作社+超市”或者“农户+龙头企业+超市”。张世晴、李书华（2009）等认为，农超对接是农民通过专业合作社等组织把农产品直接销售给超市，对“农”不再单纯指农产品生产者，还包括农民专业合作社和龙头企业等相关的组织。这种模式在一定程度上得以应用，但是，一方面，由于市场需求等原因，大型的专业合作社、龙头企业数量较少，在全国范围内的示范性效果不大；另一方面，就当时宏观经济而言，靠近农业资源集聚区的往往是三线城市，其规模偏小，大型连锁超市较少，从而导致在实际运作中以上几种农超对接模式不能满足现实需求。

第三阶段：泛化农超对接中“超”的概念，如顾建国（2010）等学者认为，农超对接中的“超”包括连锁性超市、专业性供应商、大型农产品批发市场。由此农超对接的模式变得更加多样化，出现了“农户+合作社+超市”、“农户+合作社+专业性的供应商”以及“农户+合作社+大型的农产品批发市场”等农超对接的新型模式。

以上三个阶段是农超对接在我国运用过程中根据实际情况不断调整和完善的结果。从农超对接的发展过程以及农超对接概念的演变过程可以看出，农超对接不再是一个固定不变的模式，而是逐渐演变为一种尽最大可能减少农产品流通的中间环节、减少流通费用，将农产品流通渠道变短的一种理念。同时，在实际运行中也不是一味地按照发展阶段照抄描述，而是根据具体的情况采用相应的农超对接模式，表现出较好的灵活性。如在我国北方（如山东、河南等），地势平坦且土地资源比较集中，容易形成比较有实力的生产基地，因此多采用“基地+超市”的模式；而在南方一些中型城市，由于土地资源比较分散，基地规模较小，单个基地很难满足超市的采购需求，因此一个组织将分散的基地紧密地联合起来，便形成了“农户+合作社+超市”和“农户+龙头企业+超市”的农超对接模式；在三线城市以及基地分散难以整合的地区便出现了“农户+合作社+专业性的供应商”以及“农户+合作社+大型的农产品批发市场”等农超对接的新型模式。

二、农超对接供应链各利益相关者

（一）超市

超市主要经营的是食品和日用品，现代的城市居民食品消费主要来源于超市，消费需求的增长和变化为超市的发展提供了广阔的市场空间及机遇。在农超对接供应链中，超市起着主导性的作用，是农超对接供应链的主要构建者和直接参与者。农超对接供应链的整体运行是否顺利，很大程度上取决于超市的综合实力是否强大。主要表现在以下方面：

一是综合实力强的超市在资金、技术、管理水平等方面具有非常大的优势，容易形成规模效应，从而带动整个供应链的协调发展。

二是超市是直接面对消费者的供应链，综合实力强的超市能够准确、及时、全面地把握市场信息，对于农户的种植品种和规模提供有效的反馈，从而减少农产品的浪费或者避免出现市场供不应求的情况，有效保护农户和消费者的利益，实现供应链的健康发展，维护正常的市场秩序。

三是综合实力强的超市能够构建信息沟通机制保证信息在供应链上快速、及时、准确的流通，能够构建物流配送体系保证农产品的有效流通。

超市参与农超对接供应链，可以提高超市的竞争力，随着我国《食品安全法》的颁布，超市经营生鲜农产品的责任和风险越来越大，在农超对接经营模式下，超市可以和一部分生产管理水平高、质量可靠的农产品生产者直接进行合作，缩短了农产品从田间地头到超市的链条，超市对于农产品的生产、流通、销售等整个供应链的环节进行有效的控制和监督，保证超市农产品充足的货源和较高的质量，从而提高超市的竞争力。另外，超市参与农超对接还可以起到流通带动生产的作用，运用超市在管理水平、资金、有效市场信息等方面的优势，为农户的生产提供全面的服务和支持，把农户生产和市场有效连接在一起，成为农户和市场的纽带。

（二）农户

农户强调的是建立在血缘关系的基础之上组成的农民家庭，以生产农业为主要的经营活动。农户在其生活中，可以从事其他各种各样的非农劳动，但他们的主要经济活动仍然是农业。目前，我国施行的是家庭联产承包责任制，农户是农业的独立经营者，拥有土地，掌控着农业的生产与经营权，在土地上种植农作物或者进行家禽类的养殖，获得主要的生活来源。农户作为农业主要经营活动的主体，一方面从事农业生产，另一方面进行农产品在市场上的交易，从而获得利润。表 2-1 为我国农户 2000~2012 年劳动力基本情况统计。

在农超对接供应链中，农户作为农业的生产单位，是整个供应链的起点，为农超对接提供物质的载体。作为农超对接农产品安全的源头，农户的生产管理水平和种植技术起着非常关键的作用。农户参与农超对接供应链，一方面可以把农户的生产与市场紧密地结合起来，保证农产品的销路，增加农民的收

表 2–1 我国农户基本情况统计

单位：人

年份	2000	2005	2008	2009	2010	2011	2012
调查户数	67340	68116	68190	68190	68190	68190	68190
平均每户常住人口	4.20	4.08	4.01	3.98	3.90	3.84	3.83
平均每户劳动力	2.76	2.83	2.85	2.85	2.85	2.87	2.90

资料来源：《中国统计年鉴》(2012)。

入；另一方面也可以保证供应链为消费者提供安全可靠的农产品，保证超市充足和稳定的货源。

（三）合作社

农业合作社的早期是农民自发组建的小型合作、互帮互助的组织，其前提是土地私有制，即土地是各家各户的，合作社只是在农忙季节调配生产力。农民专业合作社是在家庭联产承包责任制的基础上，同类农产品的生产经营者或者同类农业生产经营服务的提供者、利用者，自愿联合、民主管理的互助型经济组织。农民专业合作社应该遵循成员以农民为主体、以服务成员为宗旨谋求全体成员的共同利益、入社自愿退社自由、成员地位平等实行民主管理、盈余主要按照成员与农民专业合作社的交易量比例返还等原则。农民专业合作社对其农户成员提供农产品生产资料，农产品销售、加工、运输及生产技术等方面的指导，实现农业生产的组织化、规模化及标准化，农民专业合作社迎合了农业、农民和农村的发展需要。

农民专业合作社在农超对接供应链中，作为中间层，上连超市，下连农户，对于农超对接供应链的构建和实现具有非常重要的作用。

首先，单个农户直接与超市建立联系，交易成本过大，由农民专业合作社把这些农户集中起来统一管理，可以有效地降低超市和农户的交易成本。

其次，合作社可以对农户的农产品生产过程进行技术指导，降低生产过程的技术风险。

再次，合作社把农户联合起来，作为广义的农业合作者，组成法人实体，形成一种面向超市的供货联盟，在法律上和形式上拥有了与超市同等地位的话语权，在合作中能够争取更多的优势和利润。

最后，合作社被看作是农民利益和农民团体的代表者，可以得到国家政策的支持和鼓励。

（四）消费者

消费者是为个人的目的购买或使用商品及服务的社会成员。与生产者及销售者不同，消费者必须是产品的最终使用者。消费者在消费时享有自主选择经营者、自主选择商品品种或服务方式、自主决定是否购买或接受服务等鉴别和挑选的权利。超市的农产品主要消费群体是城镇居民，这些人居住在城镇，具有独立的决策权。消费者在消费时，都喜欢物美价廉的商品或服务。消费群体非常大，但在目前的经济发展情形下，单个的消费者很难与相关的企业进行力量抗衡或获得平等的话语权，因此，消费者往往用货币支付的方式表达自己的消费选择。

在农超对接供应链中，消费者处于整个供应链的末端，是供应链产品价值实现的必要因素。现代的供应链管理以消费者需求为导向。现代的消费者更偏好于绿色的、无污染的、有机的农产品，是农超对接经营模式出现的主要原因，也是超市提高其竞争力的一大机遇。消费者是农超对接经营模式的拉动者。农超对接经营模式，一方面可以满足消费者对于农产品绿色、有机、无污染的质量要求，另一方面可以缩短农产品从田间到消费者手中的供应链，减少不必要的中间环节，做到让利于消费者，使消费者能够买到物美价廉的农产品。

（五）政府

政府是一个国家为维护和实现特定的公共秩序，按照一定的区域划分原则组织起来的，以暴力为后盾的统治和社会管理组织。政府是国家公共行政权力的象征、承载体和实际行为体。政府具有政治、经济、文化及社会公共服务等职能。政府在制定经济规范与维护市场秩序、保持宏观经济稳定、提供基础服务、培育市场体系以及进行收入再分配 5 个方面执行应尽的职责。

对于农超对接经营模式，政府主要依靠制定政策、改善市场环境等供应链的实施主体产生直接或间接的影响。主要引导手段有政策导向、宣传、税收优惠、信贷扶持等。农超对接可以保护农民的利益，提高农村经济水平，促进农业的发展，符合国家的“三农”政策。

（六）环境

环境是指周围所存在的条件，总是相对于某一中心事物而言的。通常所说的环境是人类的外部世界，环境是人类赖以生存和发展的物质条件的综合体。环境包括自然环境和社会环境。自然环境是指未经过人的加工改造而天然存在的环境，社会环境是指由人与人之间的各种社会关系所形成的环境，在农超对接供应链上，各个供应链主体与环境相互制约、相互影响。

在农超对接供应链上，相关利益主体处于环境之中，是一种政府引导，消费者驱动，农户参与，超市主导实施，多主体参与、多方受益的关系。超市、合作社、农户是农超对接供应链的实施主体，是主动行为者。供应链的主体部分，是超市与合作社、合作社与农户的对接合作；政府和消费者是农超对接的驱动者，政府通过政策手段作用于社会环境，消费者通过购买需求直接影响自然环境，双方共同作用影响农超对接供应链的构建；环境既是人类和经济组织赖以存继的基础，又是人类行为的被动接受者，受农超对接供应链的影响。

第二节　农产品供应链管理的相关理论

一、农产品供应链的概念

农产品供应链是指围绕着一个核心企业，整合农产品从生产到消费整个过程中各个环节所涉及的物流、资金流、信息流，连接生产商、分销商、批发商和零售商等各方面，将其组成一个整体的网络。农产品物流处于供应链管理之下，不仅具有极强的集成化特点，还可以设计出符合农产品特点的专业化物流网络，减少物流环节和路径，提高运作效率。供应链中各成员之间的横向结盟可以使信息以网络式传递，信息量增加，最终任何企业都可以通过联网的形式获取供应链上任何环节的供求信息和市场信息。

农产品供应链模式分析中涉及的行为主体主要包括流通领域中的强势核心主体超市、重要流通渠道农产品批发市场、基本物质源生产单位农户、农户利益集结者和生产集合体的农民专业合作社、生产领域中的强势核心主体加工企业。胡定寰、李季芳等认为，或超市集团，或生产加工型企业是农产品供应链管理的核心，是提高我国农产品供应链整体运行和管理的途径。在涉及农户的研究中，彭建仿和范秀荣等主要探讨了农户和企业的共生关系，凸显了农户在供应链中的重要性，企业是协调措施的实施主体。高云主要从农户的角度，探讨了如何降低供应链风险和提高信息共享水平，提出以农产品行业协会或农村合作组织为核心协调农产品供应链。多数研究（冷志杰和赵攀英等）认为，农户作为农产品供应链基本原料源的重要性和农户分散生产、落后经营、难以监控的缺陷，提出应集结农户、提高农户组织化和经管水平等措施。其中，最核心的措施即农民加入合作社等中介组织。

二、农产品供应链管理的概念

农产品供应链是一个围绕农业生产进行的相互联系、相互依赖、共生共存的有机整体，能否对供应链进行有效管理将决定分散农户、消费者和农业企业的利益能否最大化。农产品供应链管理的概念是对农业生产各环节，包括原料供应、农作物生产、产品加工、物流运输、销售、售后服务等一体化关系的管理。其目的是追求农产品供应链的效率，强化所有成员合作共赢的关系，并实现价值增值，最终提供给消费者满意的农产品。

随着农产品逐渐由卖方市场向买方市场转变，消费者逐渐成为市场权力的中心。消费者需求差异化对农产品质量等多方面要求使得必须加强农产品生产集约化管理，以提高供应链运作绩效，最大限度地满足农产品消费者的需求。

三、农产品供应链管理的特点

从农产品供应链管理的产生和发展演变看，农业企业或组织实施供应链的管理，必须了解供应链的特征和运行的必要条件。农产品供应链管理的特征主要表现在以下几个方面。

（一）市场导向性

农产品供应链的产生源于捕捉稍纵即逝的农产品市场机会，其终点也是满足消费者对农产品的需求，从而获得利益回报。市场导向性是农业供应链的本质特征。

（二）共生性或互补性

共生性或互补性主要指联盟成员间优势资源互补，缺少某一环节的优势资源，就不能实现强强联合，也不能成为最具有竞争优势的组织形式，因此，农业供应链的管理体现了联盟成员的共生性特征。

（三）平等性

在农产品供应链中，供应链参与者在法律地位上体现平等原则，自主决定加入或退出联盟，不存在隶属关系、决策和利益分配上的差异，主要是由各联盟成员的优势资源在市场上的价值决定的，并不影响他们主体地位的不平等性。

（四）连续性

农产品离散性的市场交易是指农业产业链各环节企业为各自的利益，彼此建立间断的供求关系，农业供应链管理的目的在于为联盟成员的共同利益建立持续稳定的供求关系，从而降低不确定性和供应成本。

（五）集成性

农产品供应链的管理实质是对各成员间的资源、信息、能力、利益、业务和服务的集成，通过集成实现资源利用效率最大化，信息共享最大化，能力挖掘最大化，利益分配合理化，业务运营高效化，顾客服务渠道无缝化。

第三节 项目管理

项目管理是一种以项目为对象的系统管理方法，通过一个临时性的专门的柔性组织，对项目进行高效率的计划、组织、指导和控制，以实现项目全过程的动态管理及项目目标的综合协调和优化，涵盖了整体管理、范围管理、时间管理、费用管理、质量管理、人力资源管理、沟通管理、风险管理、采购管理九大知识领域，主要的技术方法有净值分析法、决策树技术法、网络计划技术法、工作分解结构法、甘特图、关键路径法、头脑风暴法、德尔菲法等。

一、净值分析法

净值分析法是一种能够科学全面地衡量项目的进展状态、成本趋势的方法，基本要素是利用货币量来代替实物量。它不以项目投入资金的多少来反映项目的进度，而是以投入的资金转化为项目成果的量来衡量，是一种完整的、有效的项目监控方法。

净值分析法在项目成本管理中的应用较广泛。

（1）制定项目的成本预算和计划。对实施的项目要制定详细的成本预算，通过过去每期预算成本的累加，即可得出累计的计划预算成本。

（2）收集项目的实际成本。根据合同的工程量以及价格的清单就会形成承付工程款。在项目每期对已经发生的成本进行汇总时，即累计已完工程量与合同单价之积，就形成了累计的实际成本。

（3）计算项目已经完成的预算费用。对项目每期已完的工程量与预算单价之积进行累计确定。

（4）分析项目的成本/进度绩效。当费用偏差小于 0 时，表示项目超支，若在几个不同的时点都能检查出此问题，就说明项目执行的效果不好；当费用偏差大于 0 时，则表示项目节支，若在几个不同的时点都为正数值，则说明项目执行的效果良好。当进度偏差小于 0 时，则表示项目进度延误；当进度偏差大于 0 时，则表示项目进度提前。当费用绩效指数小于 1 时，则表示超支，即实际费用高于预算费用；当费用绩效指数大于 1 时，则表示节支，即实际的费用低于预算费用。当进度绩效指数小于 1 时，则表示项目的进度延误，即项目实际进度比计划进度拖后；当进度绩效指数大于 1 时，则表示项目进度提前，即项目的实际进度比计划进度快。

（5）对项目进行成本/进度的控制。应该关注 CPI 或 CV 的趋势，当 CPI 小于 1 或逐渐变小、CV 为负数且绝对值越来越大时，就应该及时地制定纠正措施，并加以实施。同时，应该注意那些出现负成本差异的分项工程，根据 CPI 或 CV 的值确定对各分项工程采取纠正措施的优先权。也就是说，CPI 最小或 CV 负值最大的分项工程，应该采取纠正措施的最高优先权。项目的总体进度控制也都是使用相同的原理和方法。

二、决策树技术法

决策树，也称分类树，它是在已知各种情况发生的概率的基础上，通过构成决策树来求取净现值的期望值大于或者等于零时发生的概率。评价项目的风险，判断其可行性的决策分析方法，是直观运用概率分析的一种图解法。

决策树是一种树形结构，由于这种决策分支画成图形后很像一棵树的枝干，所以称为决策树。决策树中，其中每个内部节点代表一个属性上的测试，每个分支代表一个测试的输出，每个叶节点代表一种类别。

在项目管理应用中，决策树（分类树）是一种十分常见的分类方法。它是一种监管学习（所谓监管学习就是给定一堆样本，每个样本都有一组属性和一个类别，这些类别是事先确定好的），然后通过学习得到一个分类器。这个分类器能对新出现的对象给出正确的分类，我们通常称这种机器学习为监督学习。

决策树分为决策点、状态节点和结果节点三种类型。决策点，是对几种可能的方案的选择，即为最后选择的最佳方案。如果决策属于多级决策，那么决策树的中间可以有多个决策点，以决策树根部的决策点为最终决策方案。状态节点，指代表备选方案的经济效果（期望值），通过对各个状态节点的经济效果的对比，按照一定的决策标准，就可以选择出最佳的方案。由状态节点引出的分支称为概率枝，概率枝的数目表示可能出现的自然状态的数目，每个分支上要注明该状态出现的概率。结果节点，指将每个方案在自然状态下取得的损益值标注于结果节点的右端。

决策树的优点：比较容易使人易于理解和实现。在学习过程中，使用者可以不需要了解过多的背景知识和项目状态，决策树能够直接体现数据的特点，通过解释后，大多数人都有能力去理解决策树所表达的含义。

关于决策树中数据的准备相对比较简单，通过对数据的分析能够同时处理数据型和常规型属性，在短时间内就能够对大型数据源做出比较可靠的结论。

通过数据分析来对决策树的模型进行评测，人们可以测出模型的可信度。通过给定一个观察的模型，人们能根据决策树相对容易地推出逻辑表达式。

决策树的缺点：决策树对连续性的字段预测相对困难；决策树对有时间顺序的数据，需要做很多预处理的工作，才能得到有效的使用数据；当使用的类别较多时，决策树的错误会增加较快，导致结果不准确；决策树在算法分类的时候，只根据一个字段分类。

三、网络计划技术法

网络计划技术指的是用于工程项目的计划与管制的一种科学管理技术。它是于20世纪50年代末发展起来的一项科学管理技术。根据其起源的不同，可分为关键路径法与计划评审法两种。

早在1956年，美国杜邦公司在制定企业业务的系统规划时，就制定了第一套网络计划，用在管理方面的实践。网络计划是借助于网络的表示方法来表示各项工作与所需要的时间之间的关系，以及各项工作的相互关系的。

通过网络分析的方法来研究工程费用与工期之间的关系，并找出在工程计划及计划执行过程中所需要关键路线，这种方法被我们称为关键路线法。1958年，美国海军武器部在研制“北极星”导弹时，应用了网络分析方法，但是侧重对各项工作安排的评价和审查，通常称为计划评审法。这两种方法可以应用在不同的项目管理和应用中。

网络计划技术在项目管理中的应用主要体现在以下几点：

（1）确定目标。首先确定网络计划的目标，决定将网络计划技术用在一个什么样类型的工程项目，同时需要根据实际情况，提出对工程项目和关键技术经济指标的要求，比如列入工期、成本费用等指标要达到什么样的要求。根据企业已有的管理资产和方法，充分掌握各方面的信息和情况，通过网络计划技术为工程项目制订合适的网络计划。

（2）项目工作内容分解和制定详细的工作项目明细。一个工程项目包含很多工作内容，在绘制网络计划的网络图之前，要先将工程项目分解成若干工作项。工作项划分的颗粒度视工程内容和现场的具体情况而定。

（3）绘制网络图，进行节点编号。依据工作项目时间明细表，可绘制网络计划的网络图。

（4）计算网络时间，确定关键路线。根据网络计划的网络图和各项活动的工作项目时间，可以计算出全部网络时间和时差，并确定关键线路，关键路径在网络图中起的作用非常关键。

（5）进行网络计划方案的优化。找出工程项目的关键路径，也就大致确定了完成整个计划任务所需要的工期。这个总工期，是否符合合同的要求以及计划规定的时间要求，是否与计划中的劳动力、物资供应、成本费用等计划指标相匹配，需要深入分析和衡量，通过优化，择取最优方案。然后正式绘制网络计划的网络图，编制各种进度表，以及工程预算等各种计划文件。

（6）网络计划的贯彻执行。编制网络计划不仅要正确地制定计划，更重要的是根据计划来实施。要充分发动工人一起讨论计划，并准确地传达给工人，保证计划任务的完成。可以使用各种网络计划工具对网络计划的执行进行监督、控制和调整。

四、工作分解结构法

工作分解结构，是把一个项目按一定的原则分解，项目分解成任务，任务再分解成一项项工作，再把一项项工作分配到每个人的日常活动中，直到分解为最小活动为止。即项目→任务→工作→日常活动。工作分解结构以可交付成果为导向，它包括了项目的整个工作范围，每下降一层代表对工作的更详细定义，代表个人的工作任务更加明确。工作分解结构总是处于计划的中心，也是制定进度、成本预算、人力资源、风险管理和采购等计划的重要基础。

WBS 有四个方面的用途：

（1）WBS 帮助项目经理和项目团队确定和有效地管理项目的工作。

（2）WBS 清晰地表示各项目工作之间的结构设计工具。

（3）WBS 展现项目全貌，从 WBS 中可以看到所有的项目工作。

（4）WBS 定义了项目中的里程碑事件，可以向管理层和客户汇报项目完成情况，作为项目状态的汇报工具。

五、甘特图

甘特图又称横道图、条状图，通过条状图显示项目进度和其他相关系统进度的内在关系随时间进展的情况。

甘特图包含三层含义：①甘特图是以图形或表格的形式显

示的活动；②甘特图是通用的显示进度的方法；③甘特图在构造时含日历天和持续时间，不将周末节假日算在进度内的。

甘特图简单、醒目、便于编制，在管理中应用广泛。甘特图按内容不同，分为负荷图表、机器闲置图表、计划图表、人员闲置图表和进度表五种形式。

甘特图通过活动列表和时间刻度表示出特定项目的顺序与持续时间。一条线条图，横轴表示时间，纵轴表示项目的工作项，线条长度表示期间计划和实际完成情况。直观地表明计划何时进行、何时结束，主要的里程碑，工作的进展情况。便于项目管理者弄清项目的人员安排，评估项目工作进度。

甘特图是最早尝试将活动与时间联系起来的工具之一，帮助企业描述工作时间、超时工作项、里程碑的完成状态等内容。

甘特图的应用：①项目管理。在项目管理中，甘特图被广泛使用。这是因为甘特图是最容易理解、最容易使用的一种。它可以帮助管理者预测时间、成本、数量及质量上的关系和结果。它也能帮助管理者考虑人力、资源、日期、项目关键的工作内容和活动，管理者还能把几张各方面的甘特图集成为一张总图，以一个大的甘特图的方式，可以直观地看到任务的总体进展情况、资源的利用情况等指标。②其他领域。如今甘特图不只是被应用在生产管理领域，它也被广泛应用到其他各个领域，如建筑、IT 软件、汽车等。

六、关键路径法

关键路径法，是在计划项目活动时常用到的一种方法。对于项目管理而言，关键路径法是非常重要的工具，是制订项目计划最先要找到的路径，此路径决定了项目时间的长短。关键路径法所使用的估计工作项时间是单一或确定的。

关键路径决定项目的整体工期进度及活动序列，是项目中最长的时间路径，即使是很小的变动也可能直接影响整个项目的完成时间。关键路径的工期同时也决定了整个项目的工期，任何关键路径上的活动的延迟在浮动时间为零或负数时，将直接影响项目的预期完成时间（比如在关键路径上没有浮动时间）。但在特殊的情况下，如果总浮动时间大于零，则有可能不会影响项目的整体进度。

一个项目可以有多个、并行的关键路径。其他的总工期比关键路径的总工期略少的一条或者几条并行路径被称为次关键路径。

七、头脑风暴法

头脑风暴法是由美国创造学家 A.F.奥斯本于 1939 年首次提出、1953 年正式发表的一种激发性思维的方法。头脑风暴法出自“头脑风暴”一词。所谓头脑风暴，最早是精神病理学上的用语，指精神病患者的精神错乱，而现在则成为无限制的自由联想和讨论的代名词，其目的在于产生新观念或激发创新设想。

此法经各国创造学研究者的实践和发展，至今已经形成了一个发明技法群，如奥斯本智力激励法、默写式智力激励法、卡片式智力激励法等。

在群体决策中，由于群体成员心理相互作用影响，易屈于权威或大多数人意见，形成所谓的“群体思维”。群体思维削弱了群体的批判精神和创造力，损害了决策的质量。为了保证群体决策的创造性，提高决策质量，管理上发展了一系列改善群体决策的方法，头脑风暴法是较为典型的一个。

头脑风暴法可分为直接头脑风暴法（简称头脑风暴法）和质疑头脑风暴法（也称反头脑风暴法）。前者是在专家群体决策尽可能激发创造性，产生尽可能多的设想的方法，后者则是对前者提出的设想、方案逐一质疑，分析其现实可行性的方法。

八、德尔菲法

德尔菲法，是以背对背的通信方式征询专家与小组成员的预测意见的方法，经过几轮的征询，使专家小组的预测意见趋于一致，最后得出符合市场未来发展趋势的预测结论。德尔菲法又名专家意见法或专家函询调查法，是依据系统的程序，采用匿名发表意见的方式，即团队成员之间不得互相讨论，不发生横向的联系，只能与调查人员发生关系，以反复地填写问卷，集结问卷填写人的共识及搜集各方的意见，可用来构造团队沟通的流程，是应对复杂任务难题的管理技术。

德尔菲法本质上是一种反馈匿名函询法，其大致流程是：

在对所要预测的问题征得专家的意见之后，进行整理、归纳、统计，再匿名反馈给各专家，再次征求意见，再集中，再反馈，直至得到一致的意见。

第四节　综合效益评价方法

一、层次分析法

层次分析法（Analytic Hierarchy Process，AHP）是一种运用多因素分级处理来确定因素权重的方法，它把复杂的问题分解成各个组成因素，又将这些因素按支配关系分组形成有序的递阶层结构，通过两两比较的方式确定各个因素的相对重要性，然后综合决策者的判断，决策诸因素的相对重要性。AHP 体现了人们决策思维的基本特征，即分解、判断和综合。

层次分析法计算步骤如下。

（一）构建递阶层结构模型

首先，将评估对象所包含的因素分组，每一组作为一个层次，按照最高层（目标层：AHP 要达到的目标）、中间层（准则层：采用某种措施和政策来实现预定目标所涉及的中间环节）和最底层（方案层：解决问题的措施或者政策）的形式进行排列。其次，将上一层因素与有联系的下一层因素进行连接，同一层次的因素隶属于上一层次的一个或几个因素。

（二）构造判断矩阵

判断矩阵表示针对上一层某因素而言，本层次与之有关的各因素之间的相对重要性。

假定因素 A_k 与一下层次因素 B_1，B_2，…，B_n 有联系，则可将此联系表示为判断矩阵，如表 2–2 所示。

表 2–2　判断矩阵

A_k	B_1	B_2	…	B_n
B_1	b_{11}	b_{12}	…	b_{1n}
B_2	b_{21}	b_{22}	…	b_{2n}
⋮	⋮	⋮	⋮	⋮
B_n	b_{n1}	b_{n2}	…	b_{nn}

其中，b_{ij} 为对于 A_k 而言，B_i 对 B_j 的相对重要性的数值表示，这就涉及比例标度的表示问题。据心理学实验及大量社会调查显示，1~9 的标度可以反映大多数人的判断力，可采用 1~9 判断矩阵方法，如表 2–3 所示。

表 2–3　判断矩阵标度与其含义

b_{ij}（标度）	含义
1	B_i 与 B_j 一样重要
3	B_i 比 B_j 重要一点（稍微重要）
5	B_i 比 B_j 重要（明显重要）
7	B_i 比 B_j 重要得多（强烈重要）
9	B_i 比 B_j 极端重要（绝对重要）
2，4，6，8	以上每两个相邻判断间的值

（三）层次单排序

根据判断矩阵计算对于某因素而言与之有联系的下一层因素的重要性次序的权值。

设判断矩阵 A 的正规化特征向量为 W，最大特征根为 λ_{max}，则计算 $AW=\lambda_{max}W$，W 的分量 W_i 即为相应因素单排序的权值。

由于定性分析数据缺乏准确度，所以需要对权重值 W 进行一致性检验，修正未通过一致性检验的数值。

单层次的一致性检验指标是：

$CI = (\lambda_{max} - 1)/(n - 1)$

当矩阵完全一致时，CI = 0。

$\lambda_{max} - n$越大，CI > 0 越大，矩阵的一致性越差。

当判断矩阵阶数大于 2 时，判断矩阵的一致性指标，CI 与同阶平均随机一致性指标 RI 之比称为判断矩阵的随机一致性比例，记为 CR。若$CR = \frac{CI}{RI} < 0.10$，则表明矩阵具有满意的一致性；若 $CR = \frac{CI}{RI} > 0.10$，则表明数值满意性不足，需要专家再次打分。

矩阵的随机一致性指标（记为 RI）值如表 2-4 所示。

表 2-4 十阶判断矩阵 RI 值

n	1	2	3	4	5	6	7	8	9	10
RI	0.00	0.00	0.58	0.91	1.12	1.24	1.32	1.41	1.45	1.53

(四) 总排序的一致性检验与总权重计算

若递阶层结构超过两层，则计算每一层指标相对于总目标层的重要性程度排序称为总排序。假设目标层 A_1，A_2，A_3，…，A_n，重要性总权重排序为 a_1，a_2，a_3，…，a_n，下一层 B_1，B_2，B_3，…，B_n，相对于 A 层的权重值为 B_{1j}，B_{2j}，B_{3j}，…，B_{mj}。

即指标对于总权重值为$\omega_i = \sum_{j=1}^{n} b_{ij}a_j$，i = 1，2，…，m。

为了避免定性分析指标值的误差，需要对总排序进行一致性检验，假设低层次 B_j 已经通过一致性检验，并求出单层次一致性指标 CI_j，与 CI_j 对应的一致性指标记为 RI_j，则：$CR = \frac{\sum_{j=1}^{n} a_j CI_i}{\sum_{j=1}^{n} a_j RI_j}$。

同理，若 CR≤0.10，具有满意的一致性；若 CR > 0.10，则评价结果没有通过检验，需要进一步修改矩阵，专家重新打分。

二、模糊分析法

模糊分析法是 20 世纪 60 年代美国科学家 Zadeh 教授创立的，是针对现实中大量的经济现象具有模糊性而设计的一种评判模型和方法。其具有以下特点：

（1）相互比较。以最优的评估因素值为基准，其评估值为 1；其余欠优的评估因素依据欠优的程度得到相应的评估值。

（2）依据各类评估因素的特征确定评估值与评估因素值之间的函数关系（即隶属度函数）。

设有两个有限论域：$U=\{x_1, x_2, \cdots, x_n\}$，$V=\{y_1, y_2, \cdots, y_n\}$，其中，U 代表综合评估的多种因素组成的集合，称为因素集；V 为多种决断评估构成的集合，称为评判集或评语集。一般地，因素集中各因素对被评判事物的影响是不一致的，所以因素的权重分配是 U 上的一个模糊向量，记为 $A=(a_1, a_2, \cdots, a_n)\in F(U)$，其中，$a_i$ 表示 U 中第 i 个因素的权重且满足 $\sum_{i=1}^{n} a_i = 1$。

此外，m 个评语也并非绝对肯定或否定，综合后的评判可看作 V 上的模糊集，记为 $B=(b_1, b_2, \cdots, b_m)\in F(V)$，其中，$b_j$ 表示第 j 种评语在评判总体中的地位。

如果有一个从 U 到 V 的模糊关系 $R=(r_{ij})_{n\times m}$，这样由（U，V，R）三元体构成了一个模糊综合评判数学模型，此时，若输入一个权重分配 $A=(a_1, a_2, \cdots, a_n)\in F(U)$，就可以得到一个综合评判：$B=(b_1, b_2, \cdots, b_m)\in F(V)$，即：

$$(b_1, b_2, \cdots, b_m)=(a_1, a_2, \cdots, a_n)\times\begin{pmatrix} r_{11} & r_{12} & \cdots & r_{1m} \\ r_{21} & r_{22} & \cdots & r_{2m} \\ \cdots & \cdots & \cdots & r_{nm} \end{pmatrix}$$

则 b_j 即为对 m 个评语的拟合程度，即综合评估时所需的参数。

第三章　农超对接项目综合效益评价方法选择与指标体系构建

第一节　农超对接项目综合效益评价的基本内容

我国传统的农产品生产流通渠道（如图 3-1 所示），主要采取“产地收购—产地市场集散—销地市场集散—商贩零售”现货交易模式。这种模式下，农产品流通的中间环节多、流通时间长、储运费用高，生产者与购买方之间没有建立稳定的供销

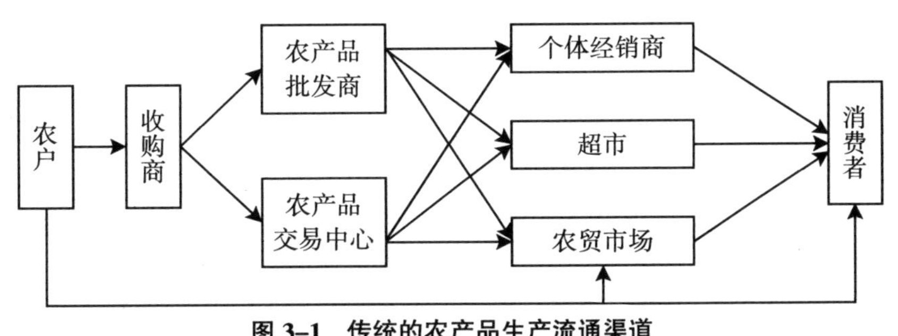

图 3-1　传统的农产品生产流通渠道

关系，规模化、组织化程度比较低，必然导致农产品新鲜度降低、耗损量增大、风险增强，而且中间商还要层层加价。

随着市场经济的发展和深入，大型超市和产地农民专业合作社快速发展，逐步形成了生产者的组织化、流通主体革新以及新型农产品流通体系的建立，进而形成了新的“超市+合作社+农户”农超对接模式，如图 3-2 所示。

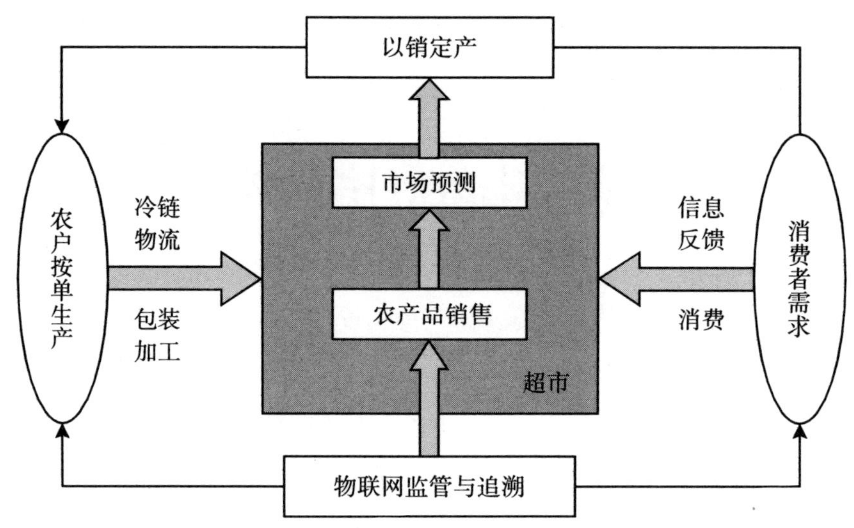

图 3-2 “超市+合作社+农户”农超对接农产品流通模型

对农超对接利益相关者进行利益诉求分析，对于“超市+合作社+农户”农超对接供应链的平稳运行是尤为必要的。同时，从生态效益、经济效益、社会效益等多维度对农超对接模式进行综合效益评价，可以对农超对接项目实施效果进行全面的分析和评价，提供可操作性的决策建议。

第二节 “超市+合作社+农户”农超对接利益相关者利益诉求分析

一、超市利益诉求

超市利益诉求主要表现在以下四个方面：

（1）降低采购成本，提高竞争实力。超市希望可以通过与农产品合作社签订购销合同，获得稳定的货源，得到质优价廉的商品，提高企业的竞争力。

（2）降低食品风险。随着我国《食品安全法》的颁布，超市经营生鲜农产品的责任和风险越来越大，超市希望可以通过直接采购农民的产品，降低食品的安全风险。

（3）获得较高的投资回报率。超市作为市场经济中的一员，追求利润最大化是其最终的目标。

（4）获得相关政策的鼓励和支持。

二、合作社利益诉求

合作社利益诉求主要表现在以下四个方面：

（1）提高生产技术。合作社希望通过与超市的深度合作，引入现代化的管理理念，从而提升自己的管理能力，提高生产技术。

（2）培育名牌农产品。合作社希望通过引导农产品生产的方向，带动农产品生产实现规模化，加强培育众多名牌农产品，提高合作社的竞争力。

（3）获得较高的投资回报率。合作社通过与超市和农户的结合，希望可以获得原来中间商的部分利润，取得较高的投资回报率。

（4）希望获得政府部门在政策上、税费制度上和资金上的支持。

三、农户利益诉求

农户利益诉求主要表现在以下三个方面：

（1）较高的投资回报率。农户作为农产品的生产者，希望取得较高的投资回报率，得到高利润。

（2）提高抗风险能力。市场上的农产品经常出现“增产不增收”的现象，农户希望可以摆脱这种“怪圈”，在农产品增产的同时增加收入，避免出现西瓜、白菜等烂在地里的现象，提高自身的抗风险能力。

（3）提高运输便捷性。农户希望通过由专业合作社、龙头企业或大型连锁超市等采用现代流通方式，及时、便捷地消化和分散他们的产成品，加快运输效率。

四、消费者利益诉求

消费者利益诉求主要表现在以下三个方面：

（1）购买放心食品。消费者希望可以买到无公害食品、绿色食品、有机食品等健康食品，农超对接是对食品安全的保证，超市中对于农药的检测环节，可以保证农产品的使用安全。

（2）低价实惠。消费者希望享受低价优惠的食品，超市的直接采购，可以减少供应链的长度，使商品价格低廉，并且超市明码标价，不会出现缺斤短两的现象。

（3）优质的服务。随着消费水平的提高，人们的消费观念也发生了很大的变化，消费者不仅希望可以买到物美价廉的产品，更希望得到优质和多样化的服务。

第三节　农超对接项目综合效益评价指标

一、评价指标设置的原则

（一）系统性原则

评价指标的选取综合考虑农超对接生态、经济、社会三个方面的影响，全面反映该模式的实施效果。

（二）可操作性原则

选取的指标要具有代表性、可操作性，指标的设计要求概念明确、定义清楚，能方便地采集数据与收集情况，要考虑现行科技水平，能很好地反映农超对接模式实施后在某一方面的影响。同时，指标的选取要考虑到实际可行性，包括数据、资料收集的可行性，内容不宜庞杂和冗长，应具有统一的统计口径等。

（三）科学性原则

农超对接模式评价指标体系结构的确定、指标的取舍都要有科学的依据，使得定量或者定性指标能准确地反映农超对接模式在农产品供应链各环节中所产生的影响，且获取的信息是准确的、客观的，从而获得真实可靠的评价结论。

二、指标确定

本书从生态效益、经济效益、社会效益三个准则层构建农产品农超对接综合效益评价指标体系，将这三个准则层细分为12个具体指标，对农超对接模式实施后对社会、经济以及生态所产生的影响做出综合评价。

三、生态效益指标分析

反映“超市+合作社+农户”农超对接模式生态效益方面的指标可细分为农药化肥使用率和可再生资源利用率2项具体指标，这反映了农业生产的生态化水平。2013年11月，“生态农业进厨房农产品安全论坛”发布的资料显示，中国拥有地球上7%的耕地，但化肥和农药的使用量却是全球总量的35%。高农药、高化肥、高残留、高污染的农业生产导致了大量的食品安全问题。农药化肥使用率这一指标用于反映每亩土地的化肥和农药的使用量；可再生资源利用率反映了可再生资源是否有效回收对于生态农业建设的重要性，是循环经济思想的体现。

四、经济效益指标分析

反映“超市+合作社+农户”农超对接模式经济效益方面的指标可细分为农户投资回报水平、合作社投资回报水平、超市投资回报水平和消费者支出水平 4 项具体指标，这些指标反映的是“超市+合作社+农户”农超对接这种模式运作本身带给各利益相关群体的经济影响。

五、社会效益指标分析

反映“超市+合作社+农户”农超对接模式社会效益方面的指标可细分为农户满意度、合作社满意度、超市满意度、消费者满意度、当地政府满意度、社会认可度 6 项具体指标，这些指标反映的是“超市+合作社+农户”农超对接模式的社会影响。其中，农户满意度、合作社满意度、超市满意度、消费者满意度、当地政府满意度反映了农超对接各利益相关体对此模式运营的认可程度，社会认可度反映了社会人士对农超对接模式的认可度。

第四节　评价模型

一、模型的选择

由于对农超对接模式的评价从生态效益、经济效益、社会效益 3 个维度展开，其指标体系既包含定量指标，也包含定性指标，这决定了单纯使用某一种评价方法的局限性。农超对接模式评价就本质而言是一类多属性决策问题，因此，考虑到模糊数学可以将不易量化的因素定量化，能够较好地处理多因素综合评价问题的特性，可采用模糊层次模型进行农超对接模式评价。首先，利用 AHP 将被评价对象各种复杂因素按照相互作用、影响及隶属关系划分成有序的递阶层结构，运用专家评定法确定各指标的权重。其次，分层次进行模糊综合评价。最后，得出综合评价结果。

二、模型的求解

第一步：建立描述农超对接模式评价的递阶层结构。

第二步：对同一层次的诸因素通过两两对比的方法确定相对于上一层目标的各自权重系数，构造出所有的模糊权重判断矩阵。

第三步：建立单因素评价矩阵，即因素集和评价集之间的模糊关系。

第四步：确定各方案指标的隶属度。

第五步：用隶属度合成的方法计算最终评估值。

第四章　应用案例

第一节　A 超市农超对接项目综合效益评价

一、项目实施概况

A 连锁超市股份有限公司是一家股份制商业流通企业，于 1999 年 10 月完成股份制改造。现有连锁店 147 家，员工 7000 余人，商品配送基地 3 万余平方米，其中，用于生鲜商品的恒温库 3700 平方米、低温库 1500 平方米、加工间 700 平方米，并实现物流配送机械化、运营管理信息化。为了满足社区消费者对于商品的品种丰富、品质新鲜和价格公道的综合需求，该公司扩大了生鲜配送中心的采购渠道，连年开发源头基地采购。到目前为止，已在全国建立了 74 家直接签约的生鲜商品采购基地，2015 年水果销量 600 万千克，蔬菜销量 1600 万千克，水果类 65%以上、蔬菜类 80%以上的商品来自这些专业生产基地直供。A 超市与农合组织、基地、农户建立了农产品原产地定点采购机制，双方的合作采用农产品收购意向合同的形式，在年初签订采购意向，在农产品成熟时按质、按量、随行就市议价收购。在保证产地正宗、质量放心、量大价优的同时，形成了产销互有保证、互利双赢的良好合作局面。

为了满足消费者对于绿色、无污染、有机农产品的需求，保证超市农产品的安全，A 超市对于农产品的采购准备采用农超对接的经营模式，从资料及其他超市的成功运作看，农超对接是对超市、合作社、农户和消费者都有利的经营模式。目前的 A 超市，不仅要实现现阶段理想的运营收益，而且还要与未来的企业发展战略相匹配，并能为整个社会的发展创造价值。因此，A 超市实行农超对接，在挑选合作机构和对象时，一方面要选择符合企业自身采购标准的合作者，另一方面要对合作者的发展潜力进行评估。农超对接这一模式，可以把农产品的生产与市场紧密结合起来，对于保障农产品安全、保障农民利益、发展农业等有巨大的作用。

（一）农户的筛选及准入

要选择那些具有一定的生产规模、生产技术基础的农户作为合作的伙伴。A 超市确定选择农超对接的农产品供应基地有以下步骤：

第一步，A 超市根据自身超市的具体情况及销售业绩，确定需要采购的农产品的品种。

第二步，根据农产品的品种，选择具有适宜的生产环境的地址。

第三步，对地址内的环境、交通、土壤、水源等相关的影响因素进行考察，结合专家的意见，选择合适的基地。

第四步，根据采购的品种及基地的实际情况，确定合作的方案。

（二）确定产品生产与检测标准

根据国家的相关规定，针对采购的品种确定基地的环境、规模、技术、产品检测、包装等标准，并将这些标准对基地农户进行详细的解释和指导，以便于该标准可以在基地范围内有效推行。

（三）邀请农业专家进行农业生产方面的指导

邀请农业技术方面的专家，对基地中的农户进行虫害防治、科学合理用药、有效灌溉等方面的培训，提供专业的技术指导，使农户的农产品种植过程规范、安全。同时，对经过培训的农户发放《基地农户培训管理卡》，A超市的农产品只能从持有该卡的农户中采购。

（四）对农产品进行全面检测

改变超市以往抽样检测的方法，对超市门店的所有在售农产品进行全面的检测，保证农药的残留度在一定的范围内，保证食品的安全。及时、准确地将检测的结果信息提供给合作社和农户，形成有效反馈，并将信息告知消费者，及时接纳消费者的意见，将消费者的监管纳入农超对接供应链的质量管理体系。做到消费者满意，农户、合作社、超市获利。

（五）奖励与惩戒的措施

根据超市门店对所有农产品的质量监测信息，对那些合格率较高的农户进行奖励，比如：提高对合格率高的农户的农产品采购量；对于质量特别高的农产品提高一定幅度的收购价；帮助符合条件的基地、农户申请无公害产品或绿色产品的认证；对这些农户提供更多的技术支持和帮扶等。

对于那些合格率较低的基地或农户进行严厉的惩罚，对于不合格的产品拒收。如果那些基地的拒收次数超过 5 次，则限期整改，整改后再重新申请质量检查，如果仍旧不合格的则永不再采购其基地的任何农产品。

通过一系列的奖励与惩罚的措施，使农民能够更深刻地意识到农产品质量的重要性，提高安全生产的意识，为消费者提供优质、安全的农产品。

（六）建立农产品质量安全追溯体系

将农产品从生产到加工直至销售等全过程结合起来，逐步形成产销区一体化的农产品质量安全追溯信息网络，实现生产记录可存储、产品流向可追踪、储运信息可查询，强化农产品质量安全追溯管理。

A 超市采用农产品质量安全追溯源头的管理方法，对生产过程的信息进行采集和控制，实现了农产品从生产种植、田间管理、成熟、采购、加工包装、运输、物流配送、超市上架等整个供应链的信息可记录、可追溯。采用现代的条形码手段，以网站、电话等信息查询为支持，聘用专业的技术管理人员，构建农产品质量安全追溯体系。建设农产品质量安全追溯体系之后，要对农户、合作社的管理人员、超市的工作人员等供应链中的参与者进行全方位的培训和技术指导，以便该体系能够顺利地实施且实现其价值。

二、项目综合效益评价

湖北省丹江口市是南水北调工程的重要水源地，该市农业基础较好，盛产优质柑橘。作为对口帮扶工程的一部分，A 超市以农超对接模式对丹江口市农产品进行项目投资开发，列为 D 项目，以引导当地农业生产者生态生产，盘活农产品销路，同时为市场引入优质生态农产品。A 超市建立的农超对接模式综合评价指标体系如图 4-1 所示。

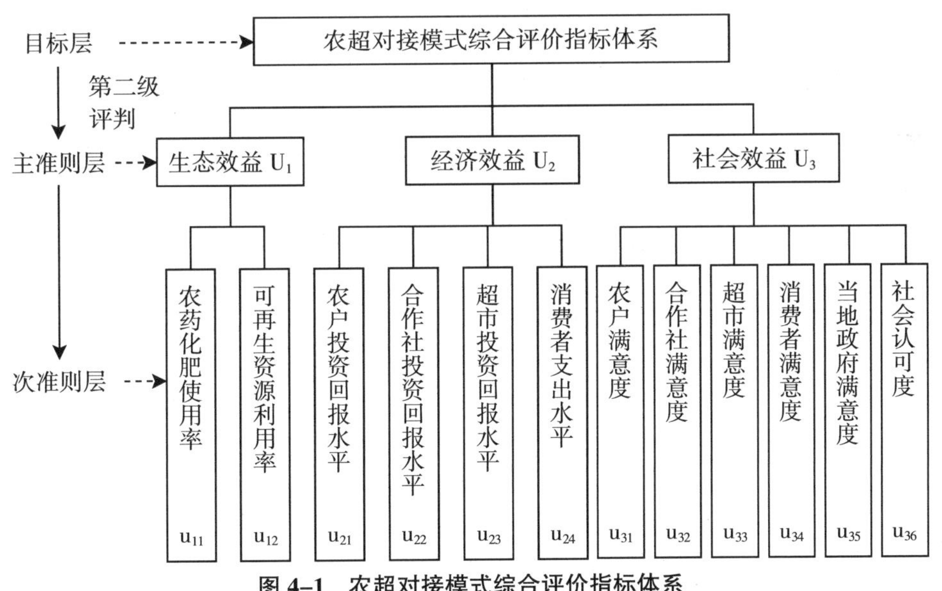

图 4-1　农超对接模式综合评价指标体系

该层次分析模型主要分为三层。最高目标层即对农超对接模式的综合评价；中间层为主准则层，即进行综合评价所遵循的三方面准则：生态效益、经济效益和社会效益；最下一层为次准则层，是将主准则内容细化成 12 项具体可量化的评估指标。

首先，确定农超对接模式评价的因素集 U：

U = {生态效益 U_1，经济效益 U_2，社会效益 U_3}。细化后的子评估因素集 U_1，U_2，U_3 分别为：

U_1 = {农药化肥使用率 u_{11}，可再生资源利用率 u_{12}}

U_2 = {农户投资回报水平 u_{21}，合作社投资回报水平 u_{22}，超市投资回报水平 u_{23}，消费者支出水平 u_{24}}

U_3 = {农户满意度 u_{31}，合作社满意度 u_{32}，超市满意度 u_{33}，消费者满意度 u_{34}，当地政府满意度 u_{35}，社会认可度 u_{36}}

其次，请若干相关专家分别对各指标进行标度，运用 MATLAB7.0 进行一致性检验计算得出本模型的权重，结果如表 4-1 所示。

其中，A =（0.20　0.45　0.35）

A 表示 U_i 在 U 中的权重，即 U_1、U_2、U_3 相对于总评价目标农超对接模式的综合效益评价的重要性大小。

A_1 =（0.50　0.50）

A_1 表示 u_{11}、u_{12} 在 U_1 中的权重，即 u_{11}、u_{12} 相对于上一层指标元素 U_1（生态效益）的重要性大小。

A_2 =（0.25　0.25　0.20　0.30）

表 4–1 权重的确定

目标层	准则层		指标层		
	一级指标名称	权重	二级指标名称	单层次权重	总目标的权重（单层次×权重）
农超对接模式综合效益评价	生态效益	0.20	农药化肥使用率	0.50	0.1000
			可再生资源利用系数	0.50	0.1000
	经济效益	0.45	农户投资回报水平	0.25	0.1125
			合作社投资回报水平	0.25	0.1125
			超市投资回报水平	0.20	0.0900
			消费者支出水平	0.30	0.1350
	社会效益	0.35	农户满意度	0.15	0.0525
			合作社满意度	0.20	0.0700
			超市满意度	0.20	0.0700
			消费者满意度	0.15	0.0525
			当地政府满意度	0.10	0.0350
			社会认可度	0.20	0.0700

A_2 表示 u_{21}、u_{22}、u_{23}、u_{24} 在 U_2 中的权重，即 u_{21}、u_{22}、u_{23}、u_{24} 相对于上一层指标元素 U_2（经济效益）的重要性大小。

$A_3 = (0.15 \quad 0.20 \quad 0.20 \quad 0.15 \quad 0.10 \quad 0.20)$

A_3 表示 u_{31}、u_{32}、u_{33}、u_{34}、u_{35}、u_{36} 在 U_3 中的权重，即 u_{31}、u_{32}、u_{33}、u_{34}、u_{35}、u_{36} 相对于上一层指标元素 U_3（社会效益）的重要性大小。

再次，确定农超对接模式评级模型的评语集 V，V = {非常满意 V_1，较满意 V_2，一般 V_3，不满意 V_4，非常不满意 V_5}。

最后，为了综合评价 D 项目的实施效果，根据上述指标体系调研方式主要是问卷调查的形式，少量辅有访谈调查。主要调查对象为 A 超市负责人和一线销售人员，不同年龄阶段的消费者，参与农超对接的合作社相关管理人员、农户以及政府工作人员。调查问卷共发放 550 份，回收 525 份，有效问卷 503 份。其中，超市负责人及销售人员 67 份，消费者 150 份，合作社人员 90 份，农户 140 份，政府工作人员 56 份。

通过对调查问卷的回收、整理和统计，得到有关生态效益、经济效益、社会效益的评价结果。

（一）生态效益评价

有关生态效益的评价结果统计如表 4-2 所示。

表 4-2　生态效益评价结果统计表

单位：人

指标	非常满意		较满意		一般		不满意		非常不满意	
	人数	比例	人数	比例	人数	比例	人数	比例	人数	比例
农药化肥使用率	14	0.06	134	0.58	52	0.23	20	0.09	10	0.04
可再生资源利用率	12	0.05	140	0.61	60	0.26	12	0.05	6	0.03

根据表 4-2，可以构造指标生态效益 U_1 的模糊评判矩阵 R_1 为：

$$R_1 = \begin{pmatrix} 0.06 & 0.58 & 0.23 & 0.09 & 0.04 \\ 0.05 & 0.61 & 0.26 & 0.05 & 0.03 \end{pmatrix}$$

根据模糊分析理论，利用权重集 A_1 将模糊评估矩阵 R_1 中不同的行进行综合，得到 U_1 的综合评判向量 B_1。

$$B_1 = A_1 \times R_1 = (0.06 \quad 0.60 \quad 0.24 \quad 0.07 \quad 0.03)$$

（二）经济效益评价

有关经济效益的评价结果统计如表 4-3 所示。

表 4-3　经济效益评价结果统计表

单位：人

指标	非常满意		较满意		一般		不满意		非常不满意	
	人数	比例	人数	比例	人数	比例	人数	比例	人数	比例
农户投资回报水平	8	0.05	40	0.28	64	0.46	26	0.19	2	0.02
合作社投资回报水平	8	0.08	28	0.31	40	0.44	12	0.15	2	0.02
超市投资回报水平	8	0.12	33	0.49	22	0.33	3	0.05	1	0.01
消费者支出水平	10	0.07	80	0.53	42	0.28	14	0.09	4	0.03

根据表 4-3，可以构造指标经济效益 U_2 的模糊评判矩阵 R_2 为：

$$R_2 = \begin{pmatrix} 0.05 & 0.28 & 0.46 & 0.19 & 0.02 \\ 0.08 & 0.31 & 0.44 & 0.15 & 0.02 \\ 0.12 & 0.49 & 0.33 & 0.05 & 0.01 \\ 0.07 & 0.53 & 0.28 & 0.09 & 0.03 \end{pmatrix}$$

根据模糊分析理论，利用权重集 A_2 将模糊评估矩阵 R_2 中不同的行进行综合，得到 U_2 的综合评判向量 B_2。

$$B_2 = A_2 \times R_2 = (0.08\quad 0.40\quad 0.38\quad 0.12\quad 0.02)$$

（三）社会效益评价

有关社会效益的评价结果统计如表 4-4 所示。

表 4–4 社会效益评价结果统计表

单位：人

指标	非常满意		较满意		一般		不满意		非常不满意	
	人数	比例	人数	比例	人数	比例	人数	比例	人数	比例
农户满意度	10	0.07	44	0.31	64	0.46	10	0.07	12	0.09
合作社满意度	24	0.27	38	0.42	17	0.19	10	0.11	1	0.01
超市满意度	16	0.23	19	0.29	28	0.42	3	0.05	1	0.01
消费者满意度	18	0.12	28	0.18	84	0.56	12	0.08	8	0.06
当地政府满意度	3	0.05	10	0.17	39	0.71	3	0.05	1	0.02
社会认可度	91	0.18	126	0.25	216	0.43	55	0.11	15	0.03

根据表 4–4，可以构造指标社会效益 U_3 的模糊评判矩阵 R_3 为：

$$R_3 = \begin{pmatrix} 0.07 & 0.31 & 0.46 & 0.07 & 0.09 \\ 0.27 & 0.42 & 0.19 & 0.11 & 0.01 \\ 0.23 & 0.29 & 0.42 & 0.05 & 0.01 \\ 0.12 & 0.18 & 0.56 & 0.08 & 0.06 \\ 0.05 & 0.17 & 0.71 & 0.05 & 0.02 \\ 0.18 & 0.25 & 0.43 & 0.11 & 0.03 \end{pmatrix}$$

根据模糊分析理论，利用权重集 A_3 将模糊评估矩阵 R_3 中不同的行进行综合，得到 U_3 的综合评判向量 B_3。

$$B_3 = A_3 \times R_3 = (0.17 \quad 0.28 \quad 0.43 \quad 0.08 \quad 0.04)$$

（四）评价总排序

对该评估模型进行二级评判。通过以上对所有因素分别进行的评价，可得各指标的模糊综合判断矩阵 R 为：

$$R=\begin{pmatrix}B_1\\B_2\\B_3\end{pmatrix}=\begin{pmatrix}0.06 & 0.60 & 0.24 & 0.07 & 0.03\\0.08 & 0.40 & 0.38 & 0.12 & 0.02\\0.17 & 0.28 & 0.43 & 0.08 & 0.04\end{pmatrix}$$

将模糊综合判断矩阵 R 与权重集 A 进行模糊变换，可得模糊综合评价模型，如下：

$$B = A \times R = (0.11\quad 0.40\quad 0.37\quad 0.10\quad 0.03)$$

很明显，评判结果 $\sum b_m \neq 1$，需要对上述评判指标进行归一化处理，得到 B′：

$$B' = (0.11\quad 0.40\quad 0.36\quad 0.10\quad 0.03)$$

这一评判结果表明：在调查对象中，有 11%的人对农超对接 D 项目实施效果的综合评价为“非常满意”，有 40%的人对其综合评价为“较满意”，有 36%的人认为其实施效果“一般”，10%的人对其实施效果表示“不满意”，仅有 3%对其实施效果的综合评价为“非常不满意”。

根据最大隶属度原则，则：

$$\begin{aligned}B' &= \max(b_1,\ b_2,\ b_3,\ b_4,\ b_5)\\&= \max(0.11\quad 0.40\quad 0.36\quad 0.10\quad 0.03)\\&= 0.40\end{aligned}$$

因此，在评语集 V 中，评估结果对 V_2（较满意）的隶属度最大，即说明 A 超市农超对接 D 项目的综合评价结果为“较满意”。

（五）评价结果分析

将以上结果汇总，得到农超对接 D 项目模式总体的评价结果，如表 4–5 所示。

表 4–5 A 超市农超对接模式总体评价结果

指标	非常满意	较满意	一般	不满意	非常不满意
生态效益	0.06	0.60	0.24	0.07	0.03
经济效益	0.08	0.40	0.38	0.12	0.02
社会效益	0.17	0.28	0.43	0.08	0.04
总体	0.11	0.40	0.36	0.10	0.03

根据总体评价结果可以发现，A 超市农超对接 D 项目模式的综合评价实施效果为"较满意"，各项指标中除社会效益为"一般"外，经济效益和生态效益评价结果都为"较满意"。这说明农超对接模式在该地区有了一定的发展，经济效益和生态效益均取得了一定的成果。在各方利益群体努力下，出现了很多值得肯定的地方，比如：超市取消对专业合作社的进场费收取、农产品价格通过各种促销活动有所降低；合作社积极参与同超市的合作、同农户的协商交流；消费者的认知度、认可度、可接受度显著增长。但是，社会效益指标方面相对较低。

从细化指标看，合作社对该模式"非常满意"和"较满意"评价的比例分别为 27%和 42%，这与农超对接运营提升了合作社生产技术、获取政府支持密切相关，反观农户、超市、社会对该模式"一般"评价的比例均高于 40%，当地政府对该模式"一般"评价的比例更是高达 71%。究其原因，D 项目执行时间较短，对农户而言，A超市未能将其发达的物流能力贯彻到当地农户的农产品运输中，木桶效应导致农超对接的技术含量下降；对超市而言，A超市对农产品生产全过程的安全性把控尚存在改进空间，正在逐步完善中；对社会及当地政府而言，农超对接所应显示的盘活“三农”问题，展示跨区域间供应链良好合作的示范效应尚未大规模展现，这些原因累积在一起导致其对农超对接的社会效益评价一般。

下面剖析农超对接供应链可持续发展的深层次机理。

1. 供应链各利益主体之间缺乏利益对接机制

在农超对接供应链中，供应链各利益主体的利益分配问题是非常关键的问题，因为农户作为农产品的生产者、合作社作为供应链的中间商、超市作为产品的销售者，都是经济的主体，其经营活动的最终目标都是为了利润最大化，因此利益在各主体之间如何分配是亟须解决的关键问题。农超对接经营模式，还处在发展的初期，超市、农户、合作社之间的关系目前主要依靠购销的合同维持，如果三者之间的关系没有做到利益共同享受、风险共同承担，超市、合作社没有获得预期利润及提高竞争力，农户没有得到技术上及加工销售上的利润，势必会影响三者的合作，阻碍农超对接模式的正常运行及健康发展。所以，建立一个合理的利益对接机制对于农超对接的发展有着非常重要的作用。

建立完善的利益对接机制。第一，超市应该改变原有的获取利润模式，通过加强经营管理、扩大经营规模、提高产品附

链物流发展还不成熟，农产品在运输过程中，大多以常温物流为主，因为包装、仓储、运输等方式的不合理，造成了很大的农产品损耗。据有关数据显示，对于蔬菜、水果等一些生鲜农产品损耗率都在8%以上，高额的物流费用及高损耗是亟须解决的重要问题。

4. 模式单一

当前大部分超市所实施的模式主要有“超市+农业产业化龙头企业+农户”、“超市+基地+农户”、“超市+农民专业合作社+农户”三种模式。在这些模式中，合作社和农民的话语权依旧比较弱，属于弱势群体，超市在资金、管理水平、技术等方面的优势使自身占据主动权，这违背了农超对接发展的初衷。合作社因为缺乏资金、技术、管理经验等发展缓慢，小型的合作社达不到超市的要求更局限了自身发展，因此更不能保护农户的利益。要想通过农超对接来改变农户增收难的困境，还需要不断地探寻更多的模式。

第二节 赣南脐橙农超对接绩效评价

一、项目实施概况

赣南脐橙为江西省赣州市特产，是中国国家地理标志产品。

赣南脐橙年产量达百万吨，原产地江西省赣州市已经成为脐橙种植面积世界第一、年产量世界第三、全国最大的脐橙主产区。赣南脐橙果大形正，橙红鲜艳，光洁美观，可食率达85%，肉质脆嫩、化渣，风味浓甜芳香，含果汁55%以上。赣南脐橙已被列为全国十一大优势农产品之一，荣获“中华名果”等称号。赣南脐橙作为江西省知名产品，入围商务部、质检总局中欧地理标志协定谈判的地理标志产品清单。

赣南脐橙的传统销售模式单一，物流成本居高不下，严重制约了赣南脐橙的产销平衡。为了促进赣南脐橙的销售，农超对接模式被推广应用，如2011年12月10日，江西省赣州市首次来成都推介赣南脐橙，组织农产品企业将脐橙直接从赣州果园送入成都超市。目前，赣南脐橙通过网络博览会、农超对接洽谈会等方式对接全国30余家超市。本书基于农超对接项目综合效益评价方法结合调研数据，对其整体模式进行综合评价，提出促进赣南脐橙农超对接发展的对策和建议。鉴于前例已就评价过程进行详细论述，本例就此略过指标构建、权重分配、模糊综合评价等环节，下同。

二、项目综合效益评价

（一）评价结果分析

1. 赣南脐橙农超对接整体水平偏低

从模糊综合评价结果可以看出，赣南脐橙农超对接绩效评价整体得分低于50分，处于中下水平。现有赣南脐橙生产的分散化限制了其销售渠道和方式。赣南脐橙的销售是典型的“双市场模式”，即“散—聚—散”物流模式，脐橙汇集到当地批发市场或相关中介商再转销各地批发市场，最后分销到最终的消费者。赣南脐橙农超对接还处于初期，占现有销售模式的比例较小，目前还未建立起完备的农超对接体系。

2. 农超对接双方利益分配不均

现阶段赣南脐橙农超对接中间节点的企业、合作社资金周转压力巨大，风险颇高，仅有16.2%的利益分配公平程度为“优”。我国农产品供应链体系不完善，供应链各方利益分配极不均衡。处于供应链中下游的农户、合作社、果业公司缺少定价权，而超市在实际运行过程中又会收取相应的“入场费”、“柜台费”等一系列名目繁多的费用，利润大量流向超市，利益分配极不均衡。农超对接两大主体——农户和合作社并未因此享受到应有的利润。

3. 信息流水平滞后

目前现存的赣南脐橙农产品信息网站受规模、影响力的局限并未发挥真正的作用。因此，供应链信息不畅的问题依然存在，导致了上游盲目生产、产品积压或短缺问题严重，市场极易产生波动，脐橙价格受影响程度大。与此同时，由于信息体系的不完善，使得备受消费者关注的农产品安全性问题无法得到有效解决，如2013年出现的赣南脐橙“染色门”事件极大地损害了消费者的利益，为不法商贩提供了可乘之机。

4. 物流配送基础薄弱

赣南脐橙具有易腐蚀、变质、难保存等特点，鉴于冷链、现代化集装箱等第三方物流所应配备的高规格运输设备价格高昂、损耗严重的特点，赣南脐橙的运输方式远不能达到标准。现有大部分脐橙物流配送均由合作社或者果业公司负责，部分合作社或果业公司有全程冷链设备但水平较低。采用第三方物流公司进行配送也存在诸多问题，无法保证配送的及时性和有效性，无法满足不同超市门店的特殊要求，降低了农产品供应链的服务质量，创造的供应链附加价值低。

（二）提高赣南脐橙农超对接绩效的措施

1. 完善物流金融相关服务实现利益共享

现阶段农户作为供应链体系中的弱势群体对收益的安全感较低，要求进行现金交割，这对处于供应链中游的合作社和企业的资金链挑战较高，政府部门应加快出台相关小额低息贷款的试点优惠政策，为农产品供应链中间节点提供小额低息贷款，扶持农产品供应链的平稳发展。相关企业与合作社可以利用大型农机具、符合条件的动产和应收账款进行抵押担保，金融机构在审核通过后可提供相应的资金支持，增强其融资能力，减小资金链断裂的可能性。

2. 建立完善的脐橙物流信息系统平台

加快脐橙走向网络化是促进产销信息流动、开展电子商务以及降低物流成本的必由之路。信息的共享以消费者的市场需求为起点逆向传递脐橙供应信息，避免农户盲目生产、供应链

“牛鞭效应”的出现。一方面，政府应积极引导各大超市和成产端及农户在信息平台上发布供求信息；另一方面，全方位发布全国各地的市场动态，包括各销地价格和需求情况，使得生产端获得市场的第一手消息。

3. 大力发展第三方物流和冷链系统建设

积极推动脐橙流通业务外包，由专业的物流企业连接脐橙产品供应链各环节，降低自身物流成本。同时，建立专业化的冷藏仓库及冷冻物流车队，加备专业的冷藏车，加强对冷链系统各部门的组织协调以及对物流系统的管理和维护。

第三节　C 超市农超对接项目综合效益评价

一、项目实施概况

C 超市为一家大型综合连锁超市企业，注册资本达 1 亿元，公司资产 3 亿多元，G 省著名商标，是目前 G 省内规模最大、效益最好的大型综合性连锁超市企业。公司成立于 2000 年，仅用八年时间，在 G 省大部分地区开设大型综合超市、社区超市及乡镇便民店多家，经营面积超过 14 万平方米，年销售规模 15 亿元，累计实现销售 50 亿元，名列中国快速消费品连锁百强第 52 位。

2008 年 7 月，C 超市首家农超对接项目供货基地在 G 省某乡落成。G 省食品有限责任公司 F 成立“无公害农产品发展中心”定点向 C 超市供应香菇、木耳、野生蕨菜等名优土特产，以及鲫鱼、鲤鱼、三文鱼等鲜活水产品。

二、项目综合效益评价

（一）评价结果分析

1. 整体情况

在 C 超市农超对接项目的绩效评价中，消费者价值绩效得分 0.157，超市价值绩效得分 0.382，农户价值绩效得分 0.159，合作社（龙头企业）价值绩效得分 0.302（满分值为 1）。由此可以看出，超市在总体评价中价值收益最高，其次是合作社或龙头企业，最后是农户与消费者。究其原因，主要是大型连锁超市企业在农产品供应链物流体系中占据资源、信息、技术、资金等优势主导地位，大部分供应链条利润流入企业家囊中。农民专业合作社和龙头企业从事产品收购、加工，作为沟通农户和超市的桥梁可获取大量中间利润。分散农户从事一线种植养殖，却因为市场信息不对称、农业技术投入不足等原因，致使大量剩余价值被剥削。农户处于供应链的底端，自身利益得不到维护，是市场经济中最弱势的群体。消费者在超市购买农产品，经常出现瓜果蔬菜的质量参差不齐、以次充好等现象，自身利益得不到保障，因而大大降低消费者的价值绩效得分值。

2. 消费者情况

根据笔者调查，消费者对于超市农产品的评价普遍存在严重两极分化的现象。一部分消费者（如年轻一族）因为追求方便快捷，热衷于从连锁超市购买新鲜蔬菜等，超市品种齐全，包装精美且制作工艺精良，所以进行多次重复性购买；另一部分消费者（如老年群体）则热衷于从农贸市场购买农产品，因为农贸市场的价格相对较低，蔬菜、肉类等能够基本上保证每日新鲜。顾客投诉率得分偏低是因为超市产品一旦出现质量问题，要求索赔的环节复杂且时间漫长，消费者维权意识不足而且力量弱小。

3. 超市情况

对超市来说，投资回报率得分最高，然后是货源稳定性，市场反应力紧随其后，质量监控覆盖率得分值最低。究其原因，主要是因为超市作为企业，必然追求财务指标如投资回报率的高分值，尽可能地达成少投入多产出。而在质量监控方面，因为瓜果蔬菜的自然属性决定其难以长时间保存，经常出现腐烂、变质等资源浪费现象。同时，由于生鲜农产品的农药、化肥监测力度不够，经过绿色有机无公害认证的农产品种类欠缺，需要更加硬性的监管机制来保障农超对接链条下的农产品质量。

4. 农户情况

通过对农户价值绩效的评价发现：采用农超对接模式后，农户向市场输送农产品的物流能力大幅度提高，由合作社或超市的运输车直接收购生鲜农产品运往超市，大大减少了农产品烂在田间地头而无人问津的现象，提高了分散农户的收益率和市场竞争力，保护了农户利益。同时，分散农户加入农民专业合作社与C超市合作，使用合作社和超市提供的优良品种种地以及生产技术进行集约化、科技化种植，提高了农户抗击市场风险的能力。

5. 合作社（龙头企业）情况

合作社（龙头企业）的自有品牌培育能力很强，协调运作能力紧随其后，农机推广率相对较低，亟待加强。通过相关的实地调研可知，合作社（龙头企业）发挥了辐射带动作用。

（二）提高农超对接绩效水平的对策

1. 加大政策扶持力度并拓宽融资渠道

提高农超对接模式的运作绩效，要坚持政府引导与市场化运作并举。以大型连锁超市为基础，与农民专业合作社相结合，建立新型农产品流通渠道，坚持贸农结合，以商促农。以大中型连锁商超企业为运营主体，发挥与农民专业合作社之间网络、信息沟通、配送等优势，建设生鲜农产品生产基地，建立新型农产品产供销一体化供应链。根据不同地区经济发展水平、连锁商业企业实力、城乡居民收入水平等实际情况，采取不同的发展模式稳步推进。同时，政府应给予政策、资金、配送人员及相关车辆支持：

一是加大政策扶持力度，落实生鲜农产品仓储建设用地，鼓励政府安排相应资金。

二是拓宽企业融资渠道，协调相关金融机构对农产品农超对接的信贷支持等，通过政策效应引导社会资金加大对鲜活农产品基础设施建设的支持。

三是加强对现代农产品供应链人才的培养，扩大国际交流合作。

四是加强组织建设，以基地促发展，以农民专业合作社促发展。

2. 完善消费者满意度以提高重复购买率

农超对接可促使消费者的需求标准和超市的供货标准直接前移到田间地头，以市场第一线的需求引导农业生产。农户由生产导向转变为市场导向，超市在生产源头抓农产品种植、施肥、采摘，更加有效地促进农产品流动与计划控制。无公害、有机、绿色农产品是国家实行的农产品质量等级标准。无公害是最低标准，有机是最高标准。为了更好地满足消费者的需求标准，在竞争日趋激烈的农产品销售行业，谁能够做好产品与服务，谁就是市场的强者，谁就能赢得顾客而立于不败之地。作为农产品供应链中的核心环节——连锁超市，需要认真关注服务中的细节，把注意力放在消费者需求上。

C超市应从源头监控产品生产，保证果园—餐桌的城乡居民食品质量安全。同时，加强物流运输冷链建设，缩短运送时间提高运输效率，力求最大限度为生鲜农产品保鲜。超市销售人员也要做到每日及时检查上架农产品质量与新鲜程度，如发现缺、烂、腐等影响销售的情况，一定要及时下架或降价打折处理，不能因为部分劣质产品而降低消费者购买满意度及商品信誉度。

3. 提高连锁超市的市场灵敏度

在农超对接中，超市获利、农民增收、消费者得实惠，三方受益是农超对接的优势所在。连锁超市直接面对市场，掌握信息充分，因此在农超对接的合作中，连锁超市要发挥主导作用。为此，我们要积极加强引导，促使合作社向加工销售合作社方向转变，在实现品种多元化的同时，提高农产品的市场附加值；引导农业合作社与龙头企业强强联合，构成龙头企业、合作社、分散农户的利益共同体，借助超市企业的市场运营优势，提高合作社农产品的市场化水平，以实现持续发展。

位于农产品供应链不同节点的分散农户、合作社、物流运输部门和超市企业互相联系，相互影响，共同受益，组成一体化利益共同体。在市场灵敏度的指导下，以市场为导引，顺应市场供求发展，保证农超对接供应链链条不断裂。同时，围绕扩大农民专业合作社鲜活农产品经营规模，适当调整连锁超市商品布局，增加鲜活农产品销售种类，扩大鲜活农产品经营面积，提高鲜活农产品销售比重。通过扩大农民专业合作社鲜活农产品经营规模，提高连锁企业的市场竞争力。

4. 完善农超对接的信息传导与共享机制

农民要增收，一靠市场，二靠组织。农超对接中的信息是农情与商情的综合反应，通过在整个农产品供应链中创造一个新的节点，将所有信息都收集于此，形成农产品公共信息平台，对所有的公共数据进行收集、整理、分析，逐步搭建起“政府引导、超市主导、合作社或龙头企业配合、农户参与”的综合农产品信息技术平台。一方面利用相应激励机制鼓励各个节点及时、真实地发布农产品供应信息；另一方面合作社和分散农户之间对信息要积极共享，合作共赢，充分有效地利用市场信息，灵活变动农产品生产与供给。这一信息平台的建设将收集全国范围内的农民专业合作社、经纪人、分散农户和连锁超市对接的基本资料及信用交易记录等，大大提高市场反应力，降低对接双方的搜索成本、交易费用。

5. 大力提高农民合作社的综合实力

提升合作社的市场竞争力。与美国、日本等发达国家相比，我国的农民专业合作社起步较晚且发展规模小，政府应加强资金及技术扶持，通过培训优秀农村干部等方式，尽快培育出一批管理规范、实力雄厚的农民专业合作社，紧跟世界合作社的发展大趋势，科学有效管理，推进农产品生产的标准化、集约化和规模化，增加分散农户的收益，增强自我发展活力。

总体概括为：内外兼修，突出特色。

首先，需要培养优秀的合作社经营管理人才，与超市的谈判和与农户的沟通都需要能驾驭市场的优秀人才。

其次，大力扶持发展高附加值的特色农产品。合作社要根据当地优势农业生产条件和资源，因地制宜、因势利导开发生产，培育自身品牌，并加强后向一体化建设，做好深加工，提高农产品的附加值。

再次，建立优质的质量监控体系，做到农产品分级、提高商品率。

最后，拥有自身的市场信息库。

提升合作社的谈判能力。由于分散农户在农超对接链条中与超市的谈判能力较弱，需要农民专业合作社代表农民利益，与合作社进行谈判。谈判能力的高低直接影响农户参与农超对接的意愿与盈利水平。农超对接有利于全面推动合作社的发展，因为农民专业合作社把分散农户有效组织起来，为农户提供产前、产中、产后一体化服务，有效地解决了农户一家单独办不了的事情，对于农户与超市沟通，提高农民收入有重要作用。此外，农民合作社在解决小规模农户发展资金方面也可以发挥积极作用，能够提升机械化运作水平和农机运营效率，帮助建立产品质量安全源头追溯体系，控制农产品安全生产。当前我国农民专业合作社的谈判能力较低，大大削弱了农户参与的“话语权”，因此，需要政府加强扶持力度，大力提高农民专业合作社的谈判能力。

第五章　提高农超对接效益水平的对策与建议

第一节　针对超市的对策

一、加强指导监督，规范农户行为

超市作为现在城镇居民日用品和食品的主要消费场所，在食品安全方面承担着比较重大的责任，因此，超市在对农户及合作社进行选择时，对农产品的农药残留程度、质量安全等要求较高。作为农超对接供应链中的主要组成部分，超市在对农户提出高标准的同时，应加强对农户的培训及指导工作，通过规范农户的种植方式来更好地推进双方的合作；要完善质量安全追溯体系，对供应链的生产、运输、包装、加工等各个环节进行监控和监督，对于所有的在售农产品进行全面的检查而非抽样检查；超市作为直接的主体，要对所有的过程进行全面、加值等提高其盈利水平；第二，三者之间要使合同细化，对于各方应承担的责任、利润分配等进行明确的阐述，实现规范化和制度化交易；第三，合作社应该发挥其中间商的作用，协调好超市与农户之间的关系。农超对接，一方面给农户的农产品提供了稳定的销售渠道，减小了农户种植的风险；另一方面给超市提供了稳定的、有质量保证的货源。因此，这种经验模式是符合市场发展规律的，也迎合了市场的需求。建立完善的利益对接机制，能够促进农超对接的健康发展。

2. 税收压力

在农超对接经营模式中，税负是非常值得关注的问题。农产品经营准则中规定农产品经营户在农贸市场经营需要缴纳定额税，自产自销的农民不用缴纳营业税，但在超市中，经营农产品需要缴纳增值税和营业税，因此造成了超市的税负很重，要高于农贸市场。同时，国家也规定，超市在采购农产品时可以抵扣一部分的增值税进项税，但在具体的实施过程中又存在一定的问题，一定程度上加重了超市的负担。税收也是农产品成本的一部分，税收的高低和农产品的成本密切相关，高税收额加重了超市的负担，使得超市的竞争力减弱。

3. 物流费用及损耗高

农产品从农户的地里运输到超市，中间的运输费用很高，成为阻碍农超对接快速发展的又一因素。当前，由于超市冷链物流水平不高，生鲜农产品的保鲜能力不强，很大程度上需要第三方物流，但第三方物流费用昂贵。目前，第三方物流及冷

第二节 针对合作社的对策

一、进行产品深加工

合作社作为农超对接的中间环节，除了要保证农产品是绿色有机的之外，还要提高其竞争力。要在同等的条件下赢得竞争对手，则要求合作社提高农产品的附加值，使之与竞争对手的产品有差异化，使消费者对产品产生依赖，进而提高合作社的竞争力。在农产品的深加工上，合作社应该引导农产品的深加工向高科技、集约化的方向发展，使农产品真正成为其产业优势和经济优势的来源。

二、发展品牌化经营

在目前的市场经济下，品牌建设是获得利润的一个重要方式。在农产品行业，建设农产品品牌，是一个非常有前景的、能够促进行业发展的新领域。合作社可以根据产品的理念和准确的市场定位，明确产品的设计风格和企业形象，在实行营销策略时，配合进行广告宣传，制定详细的企业形象、产品宣传计划，确定品牌标识、品牌文化，确立合作社的品牌形象。

合作社需要注意的是，品牌建立的重要前提是一定要提供优质的农产品。产品的质量是企业的生命，对于合作社来说，也同样如此。合作社应该在品牌策划、实施、品牌延伸、品牌控制等方面多学习优秀的企业案例，结合自身的实际情况打造品牌，提高合作社的竞争力，结合农民对农产品的品牌进行宣传，在市场上形成较好的口碑，为消费者提供放心的农产品。由此，就能扩大农产品的销路，提高自身谈判的砝码，最大限度地维护合作社自身兼农民的利益。

三、开发市场

在当前信息发达的时代，合作社要充分利用各种渠道把农产品的信息及时发布出去。目前，市场上大多农产品滞销不是供过于求，而是信息的不通畅造成了局部性的过剩。因此，合作社应该加强与外界的联系，及时发布产品信息，并掌握市场动向，积极参加农产品博览会、交流会，开发优质大客户。

另外，要扩大农超对接的分布点。农产品是生活的必需品，农超对接分布广，可以开展送货上门服务。

四、规范程序，规范标准

合作社想要取得更大的发展，就必须要使程序规范化、标准化，提高合作社的管理水平。合作社想要与超市建立连接及获得对等的话语权，必须扩大合作社规模、提高技术水平，而这些得益于程序的规范化和标准化。当前，政府支持农超对接经营模式的发展，出台了很多优惠措施和政策，但合作社往往因为手续不完善、程序不规范错失了这些优惠措施，因此合作社要规范程序、规范标准，以保证争取最大的利益。

第三节　针对农户的对策

一、生产绿色低碳农产品

食品安全问题成为近年来人们关注的焦点，三聚氰胺事件、瘦肉精事件、地沟油事件等食品安全问题每天都在上演。现如今，人们对食品的追求已经从过去的“解决温饱”到现在的“追求健康”转变，不仅讲求食品的美味，对于营养也提出更高的要求。农户作为农产品的生产者，要积极地迎合消费者的需求，根据市场的变化情况，调整生产方式及结构，生产绿色、无公害、有机的食品，生产出人们喜欢的、符合要求的农产品，进而获得利润。

实行农超对接经营模式，可在一定程度上避免食品安全隐患，实现在源头上对农产品进行控制。由于同种类的农产品差别不是很大，因此，农户提高竞争力，获得持续的发展力，首先保证提供安全的、高质量的农产品。现如今，都在倡导绿色有机食品，农户应该敏锐地抓住市场先机，生产绿色有机农产品，满足消费者的需求。在农产品种植的过程中，减少农药的使用比例，减少肥料的比例，杜绝出现使用生长激素的现象，形成低碳的循环链，响应国家低碳减排的号召，减少污染，节约资源，保证人们的食品质量和生活水平的提高。

二、推行标准化生产

目前，我国大部分农户采用的还是传统的生产方式，标准化生产运用的程度比较低，造成了粗放型发展，这种发展模式不能适应超市的现代化发展要求。传统小农户的生产方式与现代化的零售业产品标准相矛盾，是当今农超对接模式的主要挑战。因此，推行农户的标准化生产已经迫在眉睫。

经过调研，合作社提供的农产品不合格率超过 3%，达到 4%~10%时，超市就会拒绝接受该合作社的所有产品，这将对合作社及农户造成致命的打击。陕西一家合作社由于采用了自动选果机，对于猕猴桃可以实现自动筛选，所以每次提供的猕猴桃都符合超市的要求，因此在激烈的竞争中保持了竞争力，和各大超市建立了长期的合作关系，获得了令人满意的利润。可见，严格推行标准化的生产，可以使农户从农超对接中获得高额利润。

第四节　针对供应链的对策

农村第一、第二、第三产业的融合发展也不是孤立的，需要市场在其间发挥作用，上下沟通。农产品是国民经济基础性、先导性的产业，农产品流通对于推动农产品供给侧结构性改革，扩大有效供给，解决供需错配等问题具有重要意义。

我国广大农村有着最好的优质原产地农产品，有丰富的农业资源，但由于千家万户小生产的缘故，农产品基本还是非标准产品，要将这些资源转化为市场价值难度很大。当前农产品供应链的形式很多，比如农超对接、农校对接、农产品电商等，农村电商的核心，是要打通“工业品下乡”、“农产品进城”的双向物流，形成物流、信息流、资金流的有机循环。但目前电商平台更多侧重于工业品下乡，并没有有效地解决“农产品上行”，实现农产品的顺畅销售。

对于农村经济发展，重要的是将当地丰富的农特产品卖出去，卖个好价钱，因此要重点解决“农产品上行”问题。而这些依然依靠农产品流通的主渠道——农产品批发市场，因为大中城市 80%以上的农产品仍经过批发市场渠道流通。长期以来，农产品批发市场在带动农业的标准化、规模化和集约化发展，促进农民增收方面功不可没，为推动“三农”发展做出了贡献。

在多种农产品供应链并存的局面下，应优化建设流通主渠道，发展创新，加强智慧农产品批发市场建设，引导市场向智慧化方向发展，从而促进和完善农产品供应链建设，将会更有效地发挥流通的先导作用，推动农产品供给侧有效改革。

发展智慧农批，将有利于沟通产销两端，连接智慧农业与智慧城市。通过充分运用信息技术等先进手段，推动线上线下一体化融合，提高农产品供给效率。发展智慧农批，将带动加快农产品冷链、流通标准化建设发展，从而影响生产、零售环节，打造智慧化农产品供应链体系。

2017 年的惠农政策明确提出了促进农村第一、第二、第三产业融合发展，延伸农业产业链，这为发展智慧农批提供了良好的政策环境。农产品供给侧改革既需要政策引导，也需要市场的推动和运作，只有双向发力，才能落到实处，才是农村一、二、三产业融合的根本解决之路（全国城市农贸中心联合会，2017）。

一、树立合作共赢观念

在农超对接中，农户作为农产品的生产者，给供应链提供物质的载体，合作社作为农户的共同利益的代表，起着上通下连的作用，超市作为销售的主体，在供应链中起着主体的作用，因此农户、合作社和超市作为供应链的组成部分，缺一不可，三方需要建立长期稳定的合作关系，树立合作共赢的观念。供应链中的各个部分，都要以消费者、市场的需求为导向，整合企业资源，使企业与客户之间实现信息的有效沟通，实现供应商与客户之间的利益共享。使农户、合作社、超市之间形成风险共担、相互沟通、利益共享的观念，以更好的姿态参与市场竞争。

加强对农户的专业知识宣传，立足多元化农产品营销模式，强化农户的契约履行意识，杜绝农户个人不良行为，监督食物质量安全情况，用长远的眼光经营农村合作社，提高组织专业化水平，努力达到生产管理集约化、生产规模化、技术可操作化、产品标准化，引进专业化的管理与销售人才引导合作社，优化资源配置，营造良性竞争环境，拓宽发展渠道，走可持续发展道路（陈立条、贾伟强，2016）。

我们应该树立供应链的整体观念意识，要在保证供应链整体绩效的基础上，实现供应链各成员企业间的库存管理合作，需要对各种直接或间接影响因素进行分析，如供应链企业的共同目标、共同利益、价值追求等。

使激励措施与供应链的目标保持一致。为了提高供应链的协调性，供应链的各成员企业应从传统的实现企业目标的激励方式和业绩评价体系，向以实现供应链整体目标的现代激励方式和业绩评价体系转变。传统的企业业绩评价体系和激励方式是从企业内部的角度制定的，例如采购部门的评价指标之一是采购成本的高低，为了降低采购成本，采购部门在采购产品时就会拼命压低供应商产品的价格，而采购成本的降低则可能引起其他成本的上升，供应链的整体成本却未必下降。又如销售人员的评价体系，传统的做法是根据销售额的大小来评价，销售人员为了提高销售额，就会想尽各种办法促使客户多购买商品，这样做的结果是上游企业的销售额上升了，下游客户的库存却增加了，供应链的整体效益并不好。由此可见，传统的业绩评价指标体系，显然不利于实现供应链的协调。所以，建立新的业绩评价指标体系，是实现供应链协调的必然选择（祝坤艳，2016）。

二、建立信息共享平台，加强信息沟通

新技术发展会带来新的机遇，"互联网+"、"物联网"、"大数据"等概念在人们的脑海中生根、发芽。新兴技术结合传统行业的趋势越来越明显化，在这个信息飞速发展的时代，网络、移动互联网等为农产品市场的营销打开了新的大门。

信息共享平台，可以帮助农户、合作社搭建与外界的桥梁，及时了解外部农产品销售及市场需求的信息，从而为自己的生产提供参考意见。信息共享平台，可以使超市获得的市场信息准确并及时地反馈给合作社和农户，有利于降低农产品的损耗，从而使农户很快地调整生产结构，适应市场的需求。信息共享平台，可以让超市更好地把握农产品的供应情况，据此制定合适的销售策略，从而避免出现供不应求或与超市策略相违背的情况。因此，建立信息共享平台，可以使农户、合作社、超市的信息完整化、透明化，有利于加强三方的信息沟通，制定有针对性的市场决策。

完善供应链成员企业之间的信息沟通机制的意义。

一是建立供应链信息系统，实现销售信息的共享。这样各成员企业就可以依据真实的销售信息进行决策，消除由于决策信息的差异导致订单波动性过大的问题。比如，采用 VMI 来集中信息，提高决策的准确度，可以有助于实现供应链的协调（杨子江，2016）。

二是实现联合预测和计划。如果不能进行联合预测和计划，即使各成员企业实现了信息共享，也会由于各成员企业经营策略和计划的不同，导致对未来需求预测结果的差异。比如，某成员企业计划下个月搞促销活动，而这一计划并没有告知它的上游企业，那么，双方对未来的需求预测就会产生差异，制订的计划也会相距甚远。据统计，联合预测可以使预测的准确性提高 15%，联合计划可以使库存减少 15%。

三是降低信息在传递过程中的失真度。由于信息在传输过程中会发生失真现象，而且信息经过的环节越多，失真得越严重。为此，在设计供应链时，应力求减少供应链的环节，降低信息的失真度。

通过互联网技术手段和互联网思维模式，加强农产品的全链条化建设，对农产品流通产业链的交易信息数据和市场需求进行精准分析，将消费需求反馈到生产、零售环节，根据消费需求调整供应，有利于指导农户生产更适合市场需求的农产品。发展智慧农批，将通过数据共享，让消费者知道食品安全相关信息，抵制非安全食品，推动安全食品流通，有效保障食品安全流通。

三、构建现代化配送体系

城市配送在整个链条中有非常关键的作用，农产品在配送及运输的过程中，为了保持其农产品的新鲜度，需要采用冷链物流的方式进行配送，要求采用先进的冷藏技术，完善冷藏设备，对于鲜活的产品采用规范化、科学化的包装，运用专业的现代化运输工具，以此减少运输过程中的损耗。农超对接供应链企业物流体系要通过合理的配置资源来完善配送的流程，尽量减少重复性工作，提高运输效率。

建立协调生产与流通的体系。针对超市形式的企业而言，应以农业合作社为主，发展多层次的流通模式。在农超对接供应链中，超市的供应渠道多、供应商多，能直面市场，故超市地位更为强势，那么超市更应该负担起企业社会责任，根据市场环境指导农户生产，以便提高农户生产效率，产品更能符合市场要求，保障农产品流通环节顺畅和产销对接，坚决杜绝在农产品进超市后又加收促销费、活动费等现象，进一步提升物流配送能力，促进农产品产业化。

实现供应链各节点的无缝对接。通过有效的评价和收益分配机制，在农产品供应链整体获利之后，评价各节点的贡献和收益，作为供应链主体的超市可以将部分利润返还给收益少或者亏损的节点。这样可以建立有效的合作机制。此外，要加强农产品供应链中的信任管理，完善信息共享机制，实现供应链各节点之间的无缝对接，可以有效减少农产品在供应链流通中的损耗和时间，降低供应链成本。

完善物流配送体系。加强物流配送中心和基础设施建设，超市经过评估自身无法建立完善的加工配送中心的，可以与第三方物流企业或加工企业建立合作关系，资源共享。优化配送路径可以节约农产品物流配送过程中的成本。在完善物流配送体系的过程中，可运用JIT思想，从而提高农产品的新鲜度，更快更好地满足消费者的需求，对超市在当前以买方市场为特征的激烈环境中取得竞争优势具有关键作用。

四、构建低成本文化

目前，我国的农超对接模式中，农户与合作社规模较小、力量较弱，整体管理水平较为低下。因此，政府要积极参与到合作社的组织设计与管理优化的过程中，对其进行适当的引导。积极促进生产管理、良种培育、物流管理、质量管理等方面的科学性与专业性，降低成本，提升农产品质量，使其能够顺应市场经济的发展，从而提升其服务功能，在保障基本生存与发展的基础上，获取更大的经济效益。

首先，要加强对农民合作社联盟发展的政策支持，不断扩大联盟规模，发展合作社龙头企业，合理配置资源，形成一个强大的联盟体系。与大型超市连锁机构进行谈判、合作，并建立长期有效的合作章程，对双方进行一定约束，确保联盟的稳定性。政府部门要在用地、税收、农业补贴、金融等方面实行可行性政策，为农民专业合作社提供必要的政策支撑，保证农超对接的经济收益。

其次，在农超对接模式发展过程中，除了超市与合作社自身的努力，还离不开政府的引导与激励。政府部门要充分发挥在农超对接模式中的指导作用，采取多种调控手段保障农超对接模式的高效运行。政府部门要根据农超对接合作社发展中存在的问题给予一定的政策支持，如减免税收、融资政策、补贴政策等，对合作社进行有效的扶持，引导合作社逐步提升管理水平。

再次，在农超对接初期，超市往往承担了物流、仓储等多种功能，这对一般规模的超市来说是一笔不小的投入。因此，政府部门要对超市给予一定的补贴，帮助超市顺利实现对接功能。

最后，要构建供应链低成本文化。供应链中的每一个企业、每一个员工都应该具有成本意识，自觉地督促自身企业及其他企业的行为，实行相互制约。通过对供应链中各节点的成本进行分析，为供应链各企业提供有价值的参考依据，使企业获得更大利润。

提高超市经营水平，降低农产品销售价格。超市要积极探索减少经营成本的方法。

一是降低超市经营成本。超市通过介入农产品供应链，为农户聘请农业科技人员，开设农业生产课程，科学生产，提升农户的知识文化水平，按照超市的要求进行生产。同时，合理规划农产品配送中心，把从田间收集的农产品运送到配送中心进行分类、清洗、加工，然后配送到超市门店，减少超市对农产品分拣、整理、粗加工的人工支出，减少农产品的损耗，降低超市的经营成本。

二是减少超市的产品检测成本。通过建立奖惩机制，把农产品质量检测交给生产方，对那些按照超市要求生产的农户，高价收购他们的产品，降低他们的进场费，并提供好的场所销售这些产品，适当的可以免除部分产品的促销费来鼓励这些表现好的农户；对那些不按要求、产品质量安全难以得到保证的农户，以不提供市场信息、低价收购他们的产品甚至解除与他们的合同作为惩罚。

三是扩大现金交易模式。农超对接实施得不好，一定程度上是因为农户不适应超市的结账方式，超市一般采用银行转账支付方式，结账周期较长，赊购赊销现象经常发生，然而农户需要支付生产资料费用和采摘的人工费，具有较强的资金周转性，如果超市不能及时支付现金，将会在一定程度上打击农户的对接积极性。为了吸引更多合作社参与农超对接，为超市提供更多更好的农产品，充实超市货源，超市可以拿出一定资金存入指定银行，建立超市、供应商、银行三方系统，合作社只需拿着超市开出的单据到指定银行提款即可，从而解决农超对接中结账周期长的问题。增值税的抵扣可以间接降低超市的采购成本，降低超市农产品的销售价格，实现农户、市场、消费者多方共赢。

五、超市与服务外包发展政策

农超对接模式的实施，会存在一些外部因素，可能会制约该模式的可持续发展。为充分调动超市的积极性，政府部门应采取合理的税收减免政策，降低其增值税。这样可以使超市与农贸市场平等地享受政府出台的优惠政策，充分地为超市创造一个良好的市场竞争环境。农超对接模式的发展使超市在物流运输、农产品配送和交通费用等方面花费了较高的成本。这在一定程度上影响了超市的收益，由此，政府部门应组织超市、供应商、银行建立一个合作系统，使它们之间相互促进、相互发展、实现共赢。

农超对接模式中较为重要的一个环节是物流配送，这对超市来说是一笔不小的成本开支。超市为了达到一定的经济收益，一定程度上提高了成本，导致农户与超市的长期合作出现不稳定现象。所以，基于此现象，政府鼓励第三方物流融入农超对接发展链条，出台专门的土地政策、税收政策等，来促进农超对接各个链条的稳定发展。

作为我国新时期极具创新性的农产品流通模式，农产品农超对接模式的发展为我国农产品的流通提供了一条崭新的路径。它在一定程度上保障了农户与超市的合作共赢，使消费者充分享受到了真正的便利与实惠，促进了产业结构的优化调整。在这种流通模式情况下，我国的农业经济正朝着现代化、多元化、产业化的方向发展，在国民经济中的作用日渐突出。未来，农产品农超对接模式将会实现进一步的创新，为我国的国民经济增添新的活力。

以长期发展利益为导向，农业合作社应开展和加强对农户的专业知识的培训和宣传，应立足多元化农产品的营销模式，强化农户的契约履行意识，杜绝农户个人的不良行为。负责人应监督食物质量安全生产的情况，要用长远的眼光经营农村合作社，努力提高组织专业化水平，引进专业化的管理与销售人才，使之达到生产管理集约化、生产规模化、技术可操作化、产品标准化，优化资源配置，营造良性竞争环境，拓宽发展渠道，走可持续发展道路。

以农户为重点，积极发挥政府部门的作用。针对政府而言，首先，要保证政策落实，近几年政府在农超对接模式颁布措施的同时，常会出现一个词——“扶贫”，意味着政府支持的农超对接项目优先在贫困地区展开，政府应不仅关注贫困地区，而且要兼顾小城市、乡镇情况，合理制订规划。其次，对农产品食物安全制定标准化的规范，颁布农产品食品安全标准，令农民有标准可依，减少不达标产品的产生和不规范的操作。政府应加大农超对接信息网络的建设力度，解决信息滞后等问题。

政府大力支持引领新发展，根据其特殊性质，可以为该模式的开展扫清障碍。近年来，政府加强财政和资金支持，进一步降低税收，为农户提供融资政策，加强费用减免政策，在经济上为农超对接模式的实施提供了有力支持，完善供应链信息网络，拓宽供应链对接渠道，推动供应链的长足发展。政府应加大对基础建设的投入（如道路建设等），实施对接措施。

六、发展农民专业合作社，大力推动农产品品牌建设

农民合作社具有连接农户小生产与超市大市场的桥梁作用，它发展的好坏会直接影响农超对接的进程。

首先，合作社要建立规范化的管理章程，用现代企业管理观念来重新树立对自己的要求，并努力跟上超市的经营管理经验，提升合作社的社会地位，进而为农户谋福利。

其次，要积极利用农超对接政策，依据合作社相关法律法规，利用合作社渠道融资贷款，扩大合作社规模，形成规模效益。同时，还可以利用超市巨大的销售平台和超市在信息技术方面的优势，发展专业化、标准化农业，发展具有自身特色的农产品品牌（可以从绿色、深加工、科技含量上考虑）。

最后，合作社要摒弃思想上的禁锢，其负责人应该聘请具有农业生产、市场管理、物流等方面知识的人才，并加强对合作社员工文化水平的培训，对合作社进行改革、创新，扩大合作社的经营范围，为农户和超市提供农产品运输、仓储，甚至深加工等服务，实现第三方物流功能。

第六章　研究结论与展望

第一节　研究结论

本书全面阐述了农超对接模式的理论，在深入探索农超对接模式的意义和实践研究的基础上，结合层次分析法和模糊分析法模型，探索性地构建农超对接模式的绩效评价指标体系。

从农超对接这种新的农产品产销方式的提出到发展成现在的规模，通过努力发展多种模式，使得农产品的流通环节和渠道变得更加畅通，农产品交易的市场秩序更加有序，农产品的供应链也更加简短高效，农产品交易的市场参与者的收入也在不断提高。2015 年，中央一号文件继续强调食品的安全政策。在这种直接对接的情况下，实现了市场需求什么，合作社就带领农户生产什么，在一定程度上避免了农产品生产的盲目性，保证了农产品销售渠道的安全，稳定了农产品的价格，降低了流通的成本，在不断引导现代农产品的流通方式进入农村的同时，还实现了小规模生产和大市场的对接，实现了合作社、超市和消费者之间的多方共赢。本书运用模糊层次综合评价的方法，通过建立系统的评价体系，选择实用有效的评价指标，对第一手的数据进行处理和分析，最终得到以下结论：

（1）大型连锁超市以及生鲜农产品超市也在不断发展，基地和龙头企业与超市的对接也发展得较为迅速，可是农民专业合作社与超市对接的这种模式却发展得极为缓慢，分析这一模式已具备的各项条件后，能看到发展这种模式的空间还很大，农民的收入还是可以实现更大程度的提高。

（2）通过向专家咨询、查阅相关资料和文献并结合实地考察，收集到有关于农民专业合作社、超市、分散农户的大量资料，掌握消费者作为农超对接的参与主体和直接利益体对农民专业合作社参与农超对接这种模式的关系情况，并运用模糊层次综合评价法来评价各项指标之后，得出了在发展这种农超对接模式过程中，各个指标的重要性以及阻碍其发展的具体情况。建立了以消费者价值绩效、超市价值绩效、农户价值绩效与合作社（龙头企业）价值绩效“四位一体”的农超对接模式。

指标在该模式发展过程中的重要程度依次为：物流水平>发展潜力>资金的营运水平>参与度，这是因为对接双方的物流状况以及技术人员的拥有量和政府部门的支持力度都会直接影响到双方的项目对接效率，从而影响资金的营运水平和参与度。

绩效考核指标体系是全面系统和科学合理的，可以作为农超对接模式评价的一般标准。通过实证研究，将抗市场风险能力、农机推广率、质量监控覆盖率等实用指标纳入评估体系是有价值且可操作的。这样可以充分地研究农超对接给分散农户带来的收益。

实践证实，运用基于模型评价指标体系对农超对接模式进行研究，是科学、客观、可行的，对将来的理论研究具有指导意义。

另外，因为农超对接模式的影响因素很多，交叉学科与研究领域非常广泛，所以农超对接模式的绩效研究具有复杂性。

（3）在中央一号文件刚开始提出的几年里，农民专业合作社参与农超对接这一模式的发展非常迅速，政府部门的支持力度也不断加大。但是最近，这一发展速度却在不断降低。究其原因有两个方面：一方面农民专业合作社只关注数量的增加，合作社内本身的硬件和软件却未能随着数量的增加而提高；另一方面超市的门槛较高，在一定程度上也影响了双方的对接合作。

要想实现这种模式的持续发展，增加农民收入，需要双方的共同努力，加强物流等基础设施建设，提高技术人员的科技水平，同时，政府部门也应当加强这种模式的推行，并给予对接双方帮助，为这种模式的发展营造良好的环境。

农超对接的本质是将现代流通方式引向农村，将千家万户的小生产与千变万化的大市场对接起来，构建在市场经济条件下的产销一体化链条。

通过本书的研究发现，在农超对接开发过程中正视供应链利益相关者诉求，在谋求经济效益的同时兼顾社会效益、生态效益，可以实现与商家、农户、消费者的共赢。农超对接带来了广泛而深刻的经济社会影响，促进了社会的和谐与健康发展。

农超对接是一个大的趋势，同时也是一个循序渐进的过程，整个大环境还需进一步建立良好的运营模式。随着农产品经纪人以及农民专业合作社的发展，产地农民的组织化程度将不断提高，流通环节进一步规范，超市的直接采购成本会不断下降，农产品销售价格也会随之下降，农产品直采所占的比例也会越来越高，未来的农产品流通渠道将一步步趋于扁平化。

第二节　研究展望

农超对接是搞活农产品流通、缩小城乡差距、保障食品质量安全的一项利国利民的重要举措，是推进社会主义新农村建设的重要方向。今后，要进一步加强农超对接模式的理论与实证方面的研究，同时，针对各个发展阶段建立有针对性的评价体系，这是值得学术工作者和企业家深入研究的。

在定量分析中，使用层次分析法构建绩效评价模型，并结合专家打分法对各个指标进行综合打分，这样的算法是比较粗准确的把握，使每一个环节都可追溯到责任人，建立来源有据、去向可查、责任明确、检测严格的蔬菜安全和可追溯体系。在农产品生产过程中，超市可以向农户提供专业的技术指导和培训，指导农民采用正确的施肥、灌溉、喷洒农药的方法，从源头上控制产品的不合格率，减少双方的损失，进而达到共赢。

二、实施差异化经营

超市要想在激烈的市场竞争中立于不败之地，必须实行差异化的经营策略。

首先，在当今市场经济条件下，满足消费者的需求、发现消费者的需求、创造消费者的需求，才是企业要追寻的经营方向。现在的消费者追求绿色、无公害、有机的农产品，超市可以针对此需求引进符合要求的农产品，制定合理的价格，带来更多的消费者，提高营业额。

其次，随着经济的发展和人们生活水平的提高，消费者对于服务水平也有了更高的要求。超市环境比农贸市场好，还可以提供更好的服务以吸引消费者。

再次，超市可以实行在线购物，开展送货上门，迎合那些时间比较紧张的白领群体，为他们节约时间。

最后，超市可以对农产品进行深加工，将食材洗好、切好进行包装，以此增加销售额。

总之，超市可以通过开展差异化的销售形式来争取更大的发展空间，赚取更多的利润，提高竞争力。

略的。建议在今后的科研中使用诸如遗传算法、灰色关联度分析法等数理分析方法，使评估结果更加准确。

作为对农超对接项目综合效益评价这一领域的尝试，本书有很多问题没有深入探讨，主要体现在以下几方面：

（1）农超对接项目综合效益评价指标的选择及权重的确定可能存在偏差。由于各种条件的限制，在确定评价指标的专家选择范围上还不够广泛，在确定指标权重的样本数量和质量方面有待进一步加强以夯实模型的科学性。

（2）对农超对接各利益相关者的利益诉求分析还不够全面。农超对接各利益相关者的利益诉求是极其复杂的，需要从经济、文化、心理等多领域、多角度去探析，才能准确把握供应链各利益相关者的需求，进而制定较完善的评价指标和更具可行性的对策建议。本书未能运用博弈理论对此复杂关系进行剖析，丢失一些有用的结论，这将是未来研究的方向。

（3）农超对接合作社的内部之间一定要加强管理，互相之间自我监督，必须将益农的思想从头至尾贯彻始终；培养优秀的合作社人才是根本，在一定程度上，减少道德风险。

（4）合作社也应积极参与到初级农产品的深加工中，给农产品带来价值的增值。同时，合作社要以合格的生产和诚实的信誉经营为理念，坚持创新，不断培育新品种，打造特色鲜明的优质农产品，并对其加以推广，从而形成品牌效应。

（5）由于农民专业合作社的大部分经营者和社员受教育程度还比较低，大多数人只看到眼前的利益，并不关注长期稳定的发展，加之资金短缺以及管理观念落后，市场营销经验不足，不关注产品的标准化和品牌化的建设，对产品进入超市的硬性规定和规章制度不了解，这些都造成了产品竞争性的缺失。由此，地方政府需要投入大量的资金定期聘请专家，让专家对农超对接的社员进行培训，培训的内容及涵盖的政策、法规以及操作的指导，都要涉及科学的技术、知识、理念等各个方面。这样就可以提高农民科学的种养意识和科学的种养水平。

（6）我国农民专业合作社缺乏规范化，经营规模化以及有实力的合作社还少。超市采购的批量化与当前的合作社的小规模化生产还要实现匹配，为了支持一个问题的快速解决，我们还需要调查并统计出确切的基本数据。加之农民专业合作社产生时间较短，规模又小，社员平均户数少，且大多以传统的农耕生产为主，生产量小，产品的档次不高，无法满足超市大批量采购的需要，与大中城市的那些大型超市无法形成对接。

（7）农超对接的模式还需要大力的推广，这就要求我们在这一领域的研究有待加强。农超对接早就是国外普遍采用的一种农产品生产销售模式。在我国，随着大型连锁超市和产地农民专业合作社的快速发展，部分地区已经具备了鲜活农产品从产地直接进入超市的基本条件。

（8）大多数合作社的社员对质量和规格的认知程度较低，造成农民专业合作社的产品规格化程度也普遍较低，产品附加值还不高，无法满足超市要求。此外，受到地域、气候和技术等诸多因素的影响，一些合作社无法常年提供产品，或者由于产品的季节性，造成供应量的不稳定问题。超市商品要求的规格化、标准化、周季年的供应等特性，与合作社产品的季节性强、标准化水平低、市场化水平低等都存在矛盾。

（9）近年来消费者的消费需求朝着多样化的方向发展。超市采购农产品的种类较多，特别是比较大的超市，从几十种到上百种都有可能。目前，大多数农民专业合作社还停留在一村一品、一镇一品的水平上，产品大多比较单一，难以满足大型超市多样化的采购需求。超市采购多样化与合作社产品单一化的矛盾还需要长期调整。

（10）积极发展冷冻行业。荷兰就是值得我们学习和借鉴的国家。荷兰的冷冻行业非常发达，荷兰企业大多具有现代化的制冷设备和冷冻技术，且工作效率非常高，充分保证了高质量农产品的运输、储存和配送服务。

（11）在条件成熟时对国外农产品的流通环节等方面进行研究并积极学习。比如，结合美国蔬菜生产布局区域化、生产专业化、生产机械化、服务社会化、流通环节、流通渠道以及蔬菜流通中的中介组织等方面研究出符合我国国情的农超对接方案。

（12）中国农产品集散市场目前还处于管理水平较低、综合服务能力较差，可借鉴荷兰等国建立综合型、专业型物流中心的经验，根据各地实际情况推动农产品物流中心的建立。此外，还应重视与充分发挥政府的宏观调控作用，积极培育和完善农产品物流主体，加强农业物流的教育和培训以及引进先进的农业物流技术和管理方法，以尽快建立符合我国农产品生产、经营以及消费特点的生鲜农产品物流业。

（13）物流系统不完善。超市在掌握了对农产品上游环节的控制后，如何保证新鲜的农产品快速运输到超市、降低损耗，将考验整条供应链的物流配送水平。农超对接发展至今，落后的物流设施设备与长距离配送需求的矛盾依然存在。如何从“菜园子”到“菜篮子”才是关键。目前看，把农产品的配送运输落在合作社上不大可能，农民本来就缺钱、缺技术。根据某些合作社的反映，由于农产品时间要求，运输不得不采用快递形式，当货款减掉快递费后却赔钱。

（14）加强对农超对接的合作社审查，保证其真实存在，采用政府与农户以及监管部门联合的方式进行审查，如银行、税务部门等均可以对合作社的真实性进行检查。工商部门应在合作社初始设立时进行初步审查；税务部门应在免税申请时进行进一步资格核查；在农超对接模式建立时，超市应对合作社的资格进一步审核，坚决打击合作社名存实亡的现象。

（15）立法滞后和缺少法律援助也是制约合作社事业发展的因素之一，这也为我们的研究提供了方向。由于农民专业合作社缺乏足够的运营资金，同时也为了缓解合作社内部社员的资金问题，很多合作社开展了资金互助，但目前在这一方面没有立法依据，无法得到更有效的开展。另外，为了扩大经营范围和规模，提高竞争力，提高与市场以及超市的对接能力，多个农民专业合作社联合起来成立联合社，但同样遇到没有法律依据的难题，无法到工商部门登记注册，也就无法正式开展经营和管理活动。最后，在农超对接中一旦遇到纠纷，如何通过法律手段来维护农民利益是一个难题。

（16）超市还需要从以下几个方面提高经营管理水平。

首先，要建立现代化的物流体系。加大对生鲜农产品的冷链建设，减少物流中的一些损失。同时，更要加强对农产品生产源头的管理。对使用诸如“硫磷、甲胺磷、久效磷、磷胺和甲基对硫磷”这些含毒量非常高的、国家明令禁用的农药的农户应加大处罚力度。超市应引导农户用药、用肥，实现科学合理配料。在对产品进行质量追踪时，超市要利用条形码、二维码等专业的电子标签等数字化的设备对原产地的产品质量进行追踪。

其次，超市要快速促进合作社向加工型的组织形式转变，提高农产品的附加值。超市要将行业龙头企业引入到“超市+合作社+农户”的农超对接模式中来，以建立“超市+龙头企业+农户”的战略合作联盟。在该联盟中，超市与龙头企业的牵头可以使合作社以更高的市场标准来进行生产。这样，农户、合作社、超市与企业都可以达到获利的目标。

最后，超市要加强引导合作社增加生鲜品的种植规模，并对超市本身的产品品种进行重新布局，使农产品的多元化满足市场上不同消费者的需求。同时，超市也要将市场的供求关系时刻掌握住，及时地反馈给农户，使农户按需供给，防止供大于求局面的产生。

农超对接是实现农业产业现代化、信息化的重要切入点，可以预见，农超对接将在未来成为农产品流通的主流，但发展历程是艰难的。在发展的道路上，探索新的农超对接模式，优化现有的合作关系，加强供应链的紧密程度将是今后发展的主要任务。

研究表明，在未来的一个时期，农超对接工作仍将处于一个非常好的发展期。

随着农民专业合作社的发展，我国产地农民的组织化程度在不断提高，农产品直接采购所占的比例也越来越大。但是，以农产品批发市场为主导的流通模式，现在看来还有一定的发展空间，还不能被完全替代。当前农超对接工作任重而道远，还有很大的成长空间。坚信随着政府扶持力度的不断加大、农民专业合作社的规范发展以及超市的积极协作，会有越来越多共赢的成功典范，并在全国得到普及和推广，为具有中国特色的农业现代化的建设做出贡献。

附　录

“农超对接”项目相关政策

“农超对接”是一种新型的农产品流通模式，也是一项重要的“民生”工程。我国自 2008 年开展“农超对接”试点工作以来，国家相关部门出台了一系列相关政策，对促进我国“农超对接”项目的成效发挥了重要的积极作用。本书在此对“农超对接”项目相关政策进行了梳理。

关于开展农超对接试点工作的通知

为贯彻落实《中共中央国务院关于切实加强农业基础建设 进一步促进农业发展农民增收的若干意见，推进鲜活农产品“超市+基地”的供应链模式，引导大型连锁超市直接与鲜活农产品产地的农民专业合作社对接（以下简称“农超对接”），培育大型农产品流通企业与自主品牌，保障城乡居民食品安全，促进农民持续稳定增收，扩大农村消费，推进现代农业和社会主义新农村建设，商务部、农业部 2008 年 12 月 5 日发出《关于开展农超对接试点工作的通知》（商建发［2008］487 号），决定自 2008 年起开展“农超对接”试点。

一、促进鲜活农产品“农超对接”的重要意义

随着大型连锁超市和农民专业合作社的快速发展，我国一些地方已经具备了鲜活农产品从产地直接进超市的基本条件。开展鲜活农产品“农超对接”试点，积极探索推动鲜活农产品“农超对接”的有效途径和措施，着力解决当前存在的薄弱环节和突出问题，是减少流通环节、降低农产品流通成本的有效手段，是解决鲜活农产品卖难的根本途径，有利于促进鲜活农产品“农超对接”经营进入良性发展轨道，实现农产品质量从农田到餐桌的全过程控制，提高农产品质量安全水平，对建立农产品现代流通体制、增加农民收入和促进城乡统筹协调发展具

有重要的现实意义。地方各级商务、农业行政主管部门要高度重视，树立全局观念，进一步提高认识，统一思想，增强责任感、使命感和紧迫感，增强工作的积极性和主动性，采取有效措施，加大工作力度，推动试点工作顺利开展。

二、开展鲜活农产品“农超对接”试点工作的指导思想、基本原则与主要目标

（一）指导思想

以科学发展观为指导，以发展鲜活农产品“农超对接”经营作为农产品流通体制改革的突破口，以减少农产品流通环节、降低农产品流通成本，保障城乡居民消费安全，增加农民收入，促进社会主义新农村建设和城乡统筹协调发展为宗旨，按照建立符合中国特色社会主义农产品现代流通体制的总体要求，推进农产品流通现代化，加快形成流通成本低、运行效率高的农产品营销网络。

（二）基本原则

坚持政府引导，市场化运作。以城市大型连锁商业企业为主体，支持连锁商业企业和农民专业合作社发挥网络、信息、配送等优势，建设农产品生产基地，建立新型鲜活农产品供应链。政府给予政策支持。

坚持因地制宜，试点先行。根据不同地区经济发展水平、连锁商业企业实力、城乡居民收入水平等实际情况，采取不同的发展模式稳步推进。在大中型城市选择部分大型连锁商业企

业和部分农民专业合作社进行鲜活农产品“农超对接”试点。

坚持贸农结合，以商促农。以大型连锁超市为基础，与农民专业合作社相结合，建立新型农产品流通渠道，贸农结合，以商促农，促进连锁企业产业链的延伸和农产品供应链的整合。

（三）主要目标

到 2012 年，试点企业鲜活农产品产地直接采购比例达到 50%以上，减少流通环节，降低流通费用，并建立从产地到零售终端的鲜活农产品冷链系统。

三、鲜活农产品农超对接试点主体

根据各地推荐的企业情况，经研究，第一批确定山东家家悦超市有限公司、河北保龙仓商业连锁经营有限公司、家乐福（中国）管理咨询服务有限公司、锦江麦德龙现购自运有限公司、江西国光商业连锁有限责任公司、沃尔玛（中国）投资有限公司、上海康成投资（中国）有限公司、华润万家有限公司、中粮集团等 9 家企业为国家“农超对接”试点企业。下一步根据各地推进情况适时吸纳新的企业参加试点。各省商务主管部门会同农业行政主管部门根据当地情况确定省级农超对接试点企业和产地农民专业合作社。

四、鲜活农产品农超对接试点建设内容

（一）加大鲜活农产品现代流通设施投入

加快应用农产品现代流通技术是鲜活农产品现代流通的根

本体现。当前重点是加强鲜活农产品冷藏冷冻设施投入，对部分鲜活农产品试行强制性冷链流通，降低鲜活农产品损耗，保障鲜活农产品质量，同时实现降低连锁超市冷藏冷冻设施投入成本。

（二）增强鲜活农产品加工配送能力

鲜活农产品高效物流配送是鲜活农产品进入市场的重要环节，也是降低鲜活农产品损耗率，提高农产品增加值的重要途径。支持大型连锁商业企业通过新建鲜活农产品配送中心、在现有日用消费品配送中心中增加鲜活农产品配送功能、发展第三方农产品物流配送等多种方式，建立与农产品生产基地规模及零售规模相适应的物流配送体系。

（三）提高鲜活农产品经营信息化水平

连锁商业企业和有条件的专业合作社要强化鲜活农产品信息系统建设，广泛推广数字终端设备、条码技术、电子标签技术、时点销售系统和电子订货系统等，进一步推广品类管理和供应链管理等现代管理技术。通过电子信息技术，以农产品产业链为基础、供应链管理为重点，实现连锁商业企业与农民专业合作社之间业务流程的融合和信息系统的互联互通，提高市场反应能力，建立鲜活农产品质量可追溯体系。

（四）培育农民专业合作社自有品牌

试点连锁超市要广泛宣传和大力支持农民专业合作社自有鲜活农产品品牌，向消费者提供质量安全可靠的农产品及加工制品，增强消费者对农民专业合作社鲜活农产品质量安全信心，促进农民专业合作社鲜活农产品销售规模的扩大。

（五）调整连锁超市商品经营结构

围绕扩大农民专业合作社鲜活农产品经营规模，适当调整连锁超市商品布局，增加鲜活农产品销售种类，扩大鲜活农产品经营面积，努力提高鲜活农产品销售比重。通过扩大农民专业合作社鲜活农产品经营规模，提高连锁商业企业市场竞争力。

（六）建立农超对接渠道

商务主管部门负责组织试点连锁超市、农业行政主管部门负责组织本辖区内产业基础牢、产品规模大、质量安全优、品牌效应好、农户成员多的优秀农民专业合作社，通过定期举办专场对接洽谈会、产品展示推介会等形式，为超市与合作社搭建对接平台，疏通对接渠道，由连锁超市与农民专业合作社签订购销合同。连锁超市要给予农民专业合作社市场信息、加工包装技术、运储以及价格等方面的支持服务和优惠。

五、鲜活农产品农超对接的政策保障

（一）加大政策扶持力度

落实农产品仓储设施建设用地按工业用地对待政策。鼓励地方政府安排相应资金，重点扶持发展鲜活农产品冷链系统建设，支持鲜活农产品“农超对接”经营。商务部和农业部扶持“农超对接”试点的具体政策商有关部门另行制定。

（二）拓宽投融资渠道

通过政策杠杆引导社会资金加大对鲜活农产品基础设施的投

入。鼓励各类大型连锁超市进入鲜活农产品流通领域，进行示范带动。协调金融机构对鲜活农产品“农超对接”予以信贷支持，对连锁商业企业和农民专业合作社申请贷款提供技术指导。

（三）培育农产品现代流通人才

扩大国际交流合作，继续举办农产品市场流通培训班，培训一批熟悉国际农产品流通先进经验的商务管理人才。加强连锁商业企业和农民专业合作社人才培训，编制符合企业和农民专业合作社发展要求的人才培训规划，培养适应农产品现代流通经营需求的管理人才，为加快鲜活农产品“农超对接”发展提供人才保障。

（四）加强组织落实工作

各地商务和农业部门要认真组织，精心部署试点工作。要加强与财政、国土、税务、金融等有关部门的沟通，出台配套政策措施，形成政策合力。根据本地实际情况，积极争取当地政府支持，帮助解决试点工作中遇到的实际问题，加快推动“农超对接”试点工作。在试点工作中如果遇到相关问题，可与商务部和农业部联系。

关于做好农产品"农超对接"试点工作的通知

为贯彻落实《中共中央 国务院关于2009年促进农业稳定发展 农民持续增收的若干意见》(中发〔2009〕1号)和《国务院办公厅关于搞活流通扩大消费的意见》(国办发〔2008〕134号)精神，积极推进大型连锁超市、农产品流通企业直接与鲜活农产品产地的农民专业合作社对接(以下简称"农超对接")，加快农产品现代流通体系建设，进一步促进农民增收，扩大农村消费，商务部、财政部、农业部决定2009年在河北、吉林、浙江、安徽、江西、山东、青岛、河南、湖北、湖南、海南、重庆、四川、贵州、陕西开展"农超对接"试点工作，相关内容如下。

一、项目建设内容

《商务部 农业部关于开展农超对接试点工作的通知》(商建发〔2008〕487号)下发后，各地积极探索。从各地实践看，开展鲜活农产品"农超对接"，发展农产品从基地到超市的直接流通方式，是减少农产品流通环节、降低流通成本的有效手段，是解决鲜活农产品卖难的根本途径，有利于实现农产品质量从农田到餐桌的全过程控制，提高农产品质量安全水平，对建立农产品现代流通体制、增加农民收入和促进城乡统筹协调发展具有重要的现实意义。

在这里，农产品“农超对接”项目是指大型连锁超市、农产品流通企业与农产品专业合作社对接，在农产品生产基地所在县（市）的区域内，当年建设完工并投入使用的鲜活农产品冷链系统、快速检测系统、配送中心等基础设施项目。

大型连锁超市、农产品流通企业建设项目包括鲜活农产品冷链系统项目和农产品配送中心项目。农产品专业合作社建设项目包括鲜活农产品快速检测系统项目和基地农产品品牌建设项目，农产品专业合作社要认真总结试点经验，根据实践需要，逐步扩大建设内容。

二、承办企业应当具备的资质条件

（一）大型连锁超市和农产品流通企业应满足的5项条件

1. 实力较强、经验丰富、信誉良好，无不良销售记录。

2. 注册资本东部地区1000万元以上，中西部及东北地区500万元以上。

3. 年销售额在本省位居前列，2008年度鲜活农产品年销售额东部地区6000万元以上（中部及东北地区4000万元以上，西部地区2000万元以上）或鲜活农产品销售额占企业总销售额的比例不低于30%（中西部及东北地区不低于20%）。

4. 超市生鲜业务自营，已建有鲜活农产品直采基地，并与对接的农产品专业合作社具有良好的合作关系；制定了农超对接项目发展规划。

5. 省相关部门规定的其他条件。

（二）农产品专业合作社应满足的4项条件

1. 具备《中华人民共和国农民专业合作社法》规定的设立和登记条件，并依法注册半年以上。

2. 社员在100个以上，有规范的章程、完善的管理制度、健全的监督机制、独立的会计核算。

3. 有符合对接超市和农产品流通企业需求的基本生产能力和规模。

4. 省相关部门规定的其他条件。

（三）其他规定

根据《财政部商务部　关于做好支持搞活流通　扩大消费专项资金管理的通知》（财建［2009］16号），中央财政农村物流服务体系发展专项资金将对"农超对接"项目给予支持，具体办法另发。每个企业、每个农产品专业合作社只能申报1个"农超对接"项目。1个县申报的"农超对接"项目不超过1个。每个"农超对接"项目包括的鲜活农产品冷链系统项目、配送中心项目、快速检测系统项目和品牌建设项目均不超过1个。

三、项目验收标准

（一）鲜活农产品冷链系统项目和农产品配送中心项目验收标准

1. 关于建设内容

（1）农产品物流配送中心项目建设中的冷藏、冷冻设备设施建设，与冷链系统项目建设分属不同项目，在建设位置上，冷链系统项目不应建设在农产品物流配送中心内部。

（2）鲜活农产品冷链系统建设内容包括：冷库及相关的制冷系统及与之配套的循环水和电气控制系统；农产品冷藏、冷冻运输车，冷藏配送集装箱等低温运输工具；零售终端（超市门店）冷藏、冷冻陈列柜、制冰机和小型冷库；其他制冷设备。

（3）农产品配送中心建设内容包括：仓储、办公、供电、供水、设备用房、消防、装卸平台、停车场、给排水等基建工程；冷库、常温库以及储存架（箱、柜）；与冷库配套的制冷系统及与之配套的循环水和电气控制系统；分拣、装卸工具；运输工具；通讯及信息管理系统（包括配送中心内部的商品库存信息管理系统、车辆调度系统等软件以及服务器、计算机、打印机、传真机等）；电力系统（包括用于储藏库照明、分拣、装卸、信息系统、计算机、传真机等设备运转的电力系统）；其他设备设施。

2. 关于建设标准

（1）总体要求。符合《中华人民共和国食品卫生法》、《中华人民共和国农产品质量安全法》及《建设工程质量管理条例》（中华人民共和国国务院令第279号）等有关法律法规规定，项目建设实行招投标制度和工程监理制度。

（2）建筑工程建设标准。农产品配送中心中的建筑工程，按照《建设部关于贯彻执行建筑工程勘察设计及施工质量验收规范若干问题的通知》（建标［2002］212号）中规定的标准建设。

（3）冷冻冷藏设备设施建设标准。冷链系统建设及农产品配送中心中的冷冻冷藏设备设施建设，按照《冷库设计规范》（GB 50072—2001）、《冷藏库建筑工程施工及验收规范》（SBJ 11—2000）、《制冷设备、空气分离设备安装工程施工及验收规范》（GB 50274—1998）等设计、施工及验收规范的要求和相关储存食品的技术规定及标准建设。所选用的制冷设备应符合相关的国家标准、行业标准或企业标准（如暂时无国家标准和行业标准）。

（4）鲜活农产品快速检测系统项目和基地农产品品牌建设项目验收标准由省级商务主管部门会同财政、农业部门制定。

（二）鲜活农产品快速检测系统项目和基地农产品品牌建设项目验收标准

该标准由省级商务主管部门会同财政、农业部门制定。

四、有关工作要求

（一）各试点地区要高度重视农产品“农超对接”工作

商务部门要会同财政、农业部门认真组织项目申报，按照公开、公平、透明原则进行审核，择优选定农超对接项目，并填写《农产品“农超对接”项目申请汇总表》，于2009年7月底前以正式文联合报商务部、财政部、农业部。要加强对项目的监督和管理，制定详细的工作计划，建立工作档案，掌握工作动态，并及时向商务部、财政部、农业部上报有关情况。中央企业可直接向财政部、商务部提出项目建设申请，由财政部、商务部会同有关部门进行审核。

（二）各省级商务主管部门应会同财政、农业部门，组织相关领域专家做好项目验收

验收重点应核查项目是否达到项目可行性研究报告中提出的功能要求，是否按照有关建设标准配置必要的设备，满足使用要求；核查项目资金使用和财务审计情况；查找存在的问题并提出处理意见。验收结束后，应对每个承办企业或项目做出验收结论，并形成验收报告（包括验收的形式、成员、时间、项目基本功能、效果以及验收结论等），参加验收人员应当在验收报告上签字确认。验收结论包括“通过”、“整改后再验收”和“不通过”三种。验收工作应在2010年1月底前完成。有关验收情况应于2010年2月底前，以三部门正式文向商务部、财政部、农业部报告，具体包括验收的基本情况、存在的问题及原因分析；项目预期产生的经济效益（新增年销售额、新增出口额、降低流通成本等）和社会效益（新增覆盖农户数、带动增加就业数、带动农民增收等）等。每个项目验收报告及材料应装订成册，由省级商务主管部门存档备查。中央企业建设项目的验收由商务部委托地方商务主管部门组织。

（三）项目承办单位应如实提供有关材料，不得弄虚作假，虚报、瞒报有关情况

申请验收时应提供的基本材料包括营业执照副本原件及复印件；规划、国土、环保、消防等有关部门出具的批准建设文件；有关部门出具的工程验收报告以及建设部门出具的工程验收备案证明；会计师事务所或者审计事务所出具的项目资金审计报告（附相关单据及证明材料）。

（四）延期规定

当年未完成或验收未通过的项目可延期半年，待项目建设完成或整改后，作为下一年度“农超对接”项目进行验收；对于延期半年后仍未建设完成或验收未通过的项目，取消项目建设资格。

（五）地方要求

各地应根据本通知规定和《商务部　农业部关于开展农超对接试点工作的通知》（商建发［2008］487号）要求制定具体的项目申报和验收办法，并于6月底前报商务部（市场建设司）备案。

（六）监督机制

各地商务、财政、农业部门要积极帮助企业协调解决项目建设过程中遇到的有关问题。建立举报查处机制，对于项目推进中发现的违规问题严肃查处。省级财政根据本地财力情况安排资金支持“农超对接”工作。

关于加快发展现代农业　进一步增强农村发展活力的若干意见

为全面贯彻落实党的十八大精神，坚定不移沿着中国特色社会主义道路前进，全面建成小康社会而奋斗，党中央、国务院充分认识到：必须固本强基，始终把解决好农业农村农民问题作为全党工作重中之重，把城乡发展一体化作为解决“三农”问题的根本途径；必须统筹协调，促进工业化、信息化、城镇化、农业现代化同步发展，着力强化现代农业基础支撑，深入推进社会主义新农村建设。在2013年中央一号文件中明确提出当年农业农村工作的总体要求是：全面贯彻党的十八大精神，以邓小平理论、“三个代表”重要思想、科学发展观为指导，落实“四化同步”的战略部署，按照保供增收惠民生、改革创新添活力的工作目标，加大农村改革力度、政策扶持力度、科技驱动力度，围绕现代农业建设，充分发挥农村基本经营制度的优越性，着力构建集约化、专业化、组织化、社会化相结合的新型农业经营体系，进一步解放和发展农村社会生产力，巩固和发展农业农村大好形势。

一、建立重要农产品供给保障机制，努力夯实现代农业物质基础

确保国家粮食安全，保障重要农产品有效供给，始终是发

展现代农业的首要任务。必须毫不放松粮食生产，加快构建现代农业产业体系，着力强化农业物质技术支撑。

1. 稳定发展农业生产。粮食生产要坚持稳定面积、优化结构、主攻单产的总要求，确保丰产丰收。继续开展粮食稳定增产行动，着力加强800个产粮大县基础设施建设，推进东北四省区节水增粮行动、粮食丰产科技工程。支持优势产区棉花、油料、糖料生产基地建设。扩大粮棉油糖高产创建规模，在重点产区实行整建制推进，集成推广区域性、标准化高产高效模式。深入实施测土配方施肥，加强重大病虫害监测预警与联防联控能力建设。加大新一轮“菜篮子”工程实施力度，扩大园艺作物标准园和畜禽水产品标准化养殖示范场创建规模。以奖代补支持现代农业示范区建设试点。推进种养业良种工程，加快农作物制种基地和新品种引进示范场建设。加强渔船升级改造、渔政执法船艇建造和避风港建设，支持发展远洋渔业。

2. 强化农业物质技术装备。落实和完善最严格的耕地保护制度，加大力度推进高标准农田建设。加快大中型灌区配套改造、灌排泵站更新改造、中小河流治理，扩大小型农田水利重点县覆盖范围，大力发展高效节水灌溉，加大雨水集蓄利用、堰塘整治等工程建设力度，提高防汛抗旱减灾能力。加大财政对小型水库建设和除险加固支持力度。及时足额计提并管好用好从土地出让收益中提取的农田水利建设资金。加快落实农业灌排工程运行管理费用由财政适当补助的政策。加强农业科技创新能力条件建设和知识产权保护，继续实施种业发展等重点科技专项，加快粮棉油糖等农机装备、高效安全肥料农药兽药研发。推进国家农业科技园区和高新技术产业示范区建设。

3. 提高农产品流通效率。统筹规划农产品市场流通网络布局，重点支持重要农产品集散地、优势农产品产地市场建设，加强农产品期货市场建设，适时增加新的农产品期货品种，培育具有国内外影响力的农产品价格形成和交易中心。加快推进以城市标准化菜市场、生鲜超市、城乡集贸市场为主体的农产品零售市场建设。加强粮油仓储物流设施建设，发展农产品冷冻贮藏、分级包装、电子结算。健全覆盖农产品收集、加工、运输、销售各环节的冷链物流体系。大力培育现代流通方式和新型流通业态，发展农产品网上交易、连锁分销和农民网店。继续实施“北粮南运”、“南菜北运”、“西果东送”、万村千乡市场工程、新农村现代流通网络工程，启动农产品现代流通综合示范区创建。支持供销合作社、大型商贸集团、邮政系统开展农产品流通。深入实施商标富农工程，强化农产品地理标志和商标保护。

4. 完善农产品市场调控。充分发挥价格对农业生产和农民增收的激励作用，按照生产成本加合理利润的原则，继续提高小麦、稻谷最低收购价，适时启动玉米、大豆、油菜籽、棉花、食糖等农产品临时收储。优化粮食等大宗农产品储备品种结构和区域布局，完善粮棉油糖进口转储制度。健全重要农产品市场监测预警机制，认真执行生猪市场价格调控预案，改善鲜活农产品调控办法。完善农产品进出口税收调控政策，加强进口关税配额管理，健全大宗品种进口报告制度，强化敏感品种进口监测。推动进口来源多元化，规范进出口秩序，打击走私行为。加强和完善农产品信息统计发布制度，建立市场调控效果评估制度。扩大农资产品储备品种。

5. 提升食品安全水平。改革和健全食品安全监管体制，加强综合协调联动，落实从田头到餐桌的全程监管责任，加快形成符合国情、科学完善的食品安全体系。健全农产品质量安全和食品安全追溯体系。强化农业生产过程环境监测，严格农业投入品生产经营使用管理，积极开展农业面源污染和畜禽养殖污染防治。支持农产品批发市场食品安全检测室（站）建设，补助检验检测费用。健全基层食品安全工作体系，加大监管机构建设投入，全面提升监管能力和水平。

二、健全农业支持保护制度，不断加大强农惠农富农政策力度

适应农业进入高投入、高成本、高风险发展时期的客观要求，必须更加自觉、更加坚定地加强对农业的支持保护。要在稳定完善强化行之有效政策基础上，着力构建"三农"投入稳定增长长效机制，确保总量持续增加、比例稳步提高。

1. 加大农业补贴力度。按照增加总量、优化存量、用好增量、加强监管的要求，不断强化农业补贴政策，完善主产区利益补偿、耕地保护补偿、生态补偿办法，加快让农业获得合理利润、让主产区财力逐步达到全国或全省平均水平。继续增加

农业补贴资金规模，新增补贴向主产区和优势产区集中，向专业大户、家庭农场、农民合作社等新型生产经营主体倾斜。落实好对种粮农民直接补贴、良种补贴政策，扩大农机具购置补贴规模，推进农机以旧换新试点。完善农资综合补贴动态调整机制，逐步扩大种粮大户补贴试点范围。继续实施农业防灾减灾稳产增产关键技术补助和土壤有机质提升补助，支持开展农作物病虫害专业化统防统治，启动低毒低残留农药和高效缓释肥料使用补助试点。完善畜牧业生产扶持政策，支持发展肉牛肉羊，落实远洋渔业补贴及税收减免政策。增加产粮（油）大县奖励资金，实施生猪调出大县奖励政策，研究制定粮食作物制种大县奖励政策。增加农业综合开发财政资金投入。现代农业生产发展资金重点支持粮食及地方优势特色产业加快发展。

2. 改善农村金融服务。加强国家对农村金融改革发展的扶持和引导，切实加大商业性金融支农力度，充分发挥政策性金融和合作性金融作用，确保持续加大涉农信贷投放。创新金融产品和服务，优先满足农户信贷需求，加大新型生产经营主体信贷支持力度。加强财税杠杆与金融政策的有效配合，落实县域金融机构涉农贷款增量奖励、农村金融机构定向费用补贴、农户贷款税收优惠、小额担保贷款贴息等政策。稳定县（市）农村信用社法人地位，继续深化农村信用社改革。探索农业银行服务“三农”新模式，强化农业发展银行政策性职能定位，鼓励国家开发银行推动现代农业和新农村建设。支持社会资本参与设立新型农村金融机构。改善农村支付服务条件，畅通支付结算渠道。加强涉农信贷与保险协作配合，创新符合农村特点的抵（质）押担保方式和融资工具，建立多层次、多形式的农业信用担保体系。扩大林权抵押贷款规模，完善林业贷款贴息政策。健全政策性农业保险制度，完善农业保险保费补贴政策，加大对中西部地区、生产大县农业保险保费补贴力度，适当提高部分险种的保费补贴比例。开展农作物制种、渔业、农机、农房保险和重点国有林区森林保险保费补贴试点。推进建立财政支持的农业保险大灾风险分散机制。支持符合条件的农业产业化龙头企业和各类农业相关企业通过多层次资本市场筹集发展资金。

3. 鼓励社会资本投向新农村建设。各行各业制定发展规划、安排项目、增加投资要主动向农村倾斜。引导国有企业参与和支持农业农村发展。鼓励企业和社会组织采取投资筹资、捐款捐助、人才和技术支持等方式在农村兴办医疗卫生、教育培训、社会福利、社会服务、文化旅游体育等各类事业，按规定享受税收优惠、管护费用补助等政策。落实公益性捐赠农村公益事业项目支出所得税前扣除政策。鼓励企业以多种投资方式建设农村生产生活基础设施。

三、创新农业生产经营体制，稳步提高农民组织化程度

农业生产经营组织创新是推进现代农业建设的核心和基础。要尊重和保障农户生产经营的主体地位，培育和壮大新型农业

生产经营组织，充分激发农村生产要素潜能。

1. 稳定农村土地承包关系。抓紧研究现有土地承包关系保持稳定并长久不变的具体实现形式，完善相关法律制度。坚持依法自愿有偿原则，引导农村土地承包经营权有序流转，鼓励和支持承包土地向专业大户、家庭农场、农民合作社流转，发展多种形式的适度规模经营。结合农田基本建设，鼓励农民采取互利互换方式，解决承包地块细碎化问题。土地流转不得搞强迫命令，确保不损害农民权益、不改变土地用途、不破坏农业综合生产能力。探索建立严格的工商企业租赁农户承包耕地（林地、草原）准入和监管制度。规范土地流转程序，逐步健全县乡村三级服务网络，强化信息沟通、政策咨询、合同签订、价格评估等流转服务。加强农村土地承包经营纠纷调解仲裁体系建设。深化国有农垦管理体制改革，扩大国有农场办社会职能改革试点。稳步推进农村综合改革示范试点。

2. 努力提高农户集约经营水平。按照规模化、专业化、标准化发展要求，引导农户采用先进适用技术和现代生产要素，加快转变农业生产经营方式。创造良好的政策和法律环境，采取奖励补助等多种办法，扶持联户经营、专业大户、家庭农场。大力培育新型农民和农村实用人才，着力加强农业职业教育和职业培训。充分利用各类培训资源，加大专业大户、家庭农场经营者培训力度，提高他们的生产技能和经营管理水平。制定专门计划，对符合条件的中高等学校毕业生、退役军人、返乡农民工务农创业给予补助和贷款支持。

3. 大力支持发展多种形式的新型农民合作组织。农民合作社是带动农户进入市场的基本主体，是发展农村集体经济的新型实体，是创新农村社会管理的有效载体。按照积极发展、逐步规范、强化扶持、提升素质的要求，加大力度、加快步伐发展农民合作社，切实提高引领带动能力和市场竞争能力。鼓励农民兴办专业合作和股份合作等多元化、多类型合作社。实行部门联合评定示范社机制，分级建立示范社名录，把示范社作为政策扶持重点。安排部分财政投资项目直接投向符合条件的合作社，引导国家补助项目形成的资产移交合作社管护，指导合作社建立健全项目资产管护机制。增加农民合作社发展资金，支持合作社改善生产经营条件、增强发展能力。逐步扩大农村土地整理、农业综合开发、农田水利建设、农技推广等涉农项目由合作社承担的规模。对示范社建设鲜活农产品仓储物流设施、兴办农产品加工业给予补助。在信用评定基础上对示范社开展联合授信，有条件的地方予以贷款贴息，规范合作社开展信用合作。完善合作社税收优惠政策，把合作社纳入国民经济统计并作为单独纳税主体列入税务登记，做好合作社发票领用等工作。创新适合合作社生产经营特点的保险产品和服务。建立合作社带头人人才库和培训基地，广泛开展合作社带头人、经营管理人员和辅导员培训，引导高校毕业生到合作社工作。落实设施农用地政策，合作社生产设施用地和附属设施用地按农用地管理。引导农民合作社以产品和产业为纽带开展合作与联合，积极探索合作社联社登记管理办法。抓紧研究修订农民专业合作社法。

4. 培育壮大龙头企业。支持龙头企业通过兼并、重组、收购、控股等方式组建大型企业集团。创建农业产业化示范基地，促进龙头企业集群发展。推动龙头企业与农户建立紧密型利益联结机制，采取保底收购、股份分红、利润返还等方式，让农户更多分享加工销售收益。鼓励和引导城市工商资本到农村发展适合企业化经营的种养业。增加扶持农业产业化资金，支持龙头企业建设原料基地、节能减排、培育品牌。逐步扩大农产品加工增值税进项税额核定扣除试点行业范围。适当扩大农产品产地初加工补助项目试点范围。

四、构建农业社会化服务新机制，大力培育发展多元服务主体

建设中国特色现代农业，必须建立完善的农业社会化服务体系。要坚持主体多元化、服务专业化、运行市场化的方向，充分发挥公共服务机构作用，加快构建公益性服务与经营性服务相结合、专项服务与综合服务相协调的新型农业社会化服务体系。

1. 强化农业公益性服务体系。不断提升乡镇或区域性农业技术推广、动植物疫病防控、农产品质量监管等公共服务机构的服务能力。继续实施基层农技推广体系改革与建设项目，建立补助经费与服务绩效挂钩的激励机制。继续实施农业技术推广机构条件建设项目，不断改善推广条件。支持高等学校、职

业院校、科研院所通过建设新农村发展研究院、农业综合服务示范基地等方式，面向农村开展农业技术推广。加强乡镇或小流域水利、基层林业公共服务机构和抗旱服务组织、防汛机动抢险队伍建设。充分发挥供销合作社在农业社会化服务中的重要作用。加快推进农村气象信息服务和人工影响天气工作体系与能力建设，提高农业气象服务和农村气象灾害防御水平。

2. 培育农业经营性服务组织。支持农民合作社、专业服务公司、专业技术协会、农民用水合作组织、农民经纪人、涉农企业等为农业生产经营提供低成本、便利化、全方位的服务，发挥经营性服务组织的生力军作用。采取政府订购、定向委托、奖励补助、招投标等方式，引导经营性服务组织参与公益性服务，大力开展病虫害统防统治、动物疫病防控、农田灌排、地膜覆盖和回收等生产性服务。推进科技特派员农村科技创业行动。培育会计审计、资产评估、政策法律咨询等涉农中介服务组织。对符合条件的农业经营性服务业务免征营业税。

3. 创新服务方式和手段。鼓励搭建区域性农业社会化服务综合平台。发展专家大院、院县共建、农村科技服务超市、庄稼医院、专业服务公司 + 合作社 + 农户、涉农企业 + 专家 + 农户等服务模式，积极推行技物结合、技术承包、全程托管服务，促进农业先进适用技术到田到户。开展农业社会化服务示范县创建。整合资源建设乡村综合服务社和服务中心。加快用信息化手段推进现代农业建设，启动金农工程二期，推动国家农村信息化试点省建设。发展农业信息服务，重点开发信息采集、精准作业、农村远程数字化和可视化、气象预测预报、灾害预警等技术。

五、改革农村集体产权制度，有效保障农民财产权利

建立归属清晰、权能完整、流转顺畅、保护严格的农村集体产权制度，是激发农业农村发展活力的内在要求。必须健全农村集体经济组织资金资产资源管理制度，依法保障农民的土地承包经营权、宅基地使用权、集体收益分配权。

1. 全面开展农村土地确权登记颁证工作。健全农村土地承包经营权登记制度，强化对农村耕地、林地等各类土地承包经营权的物权保护。用 5 年时间基本完成农村土地承包经营权确权登记颁证工作，妥善解决农户承包地块面积不准、四至不清等问题。加快包括农村宅基地在内的农村集体土地所有权和建设用地使用权地籍调查，尽快完成确权登记颁证工作。农村土地确权登记颁证工作经费纳入地方财政预算，中央财政予以补助。各级党委和政府要高度重视，有关部门要密切配合，确保按时完成农村土地确权登记颁证工作。深化集体林权制度改革，提高林权证发证率和到户率。推进国有林场改革试点，探索国有林区改革。加快推进牧区草原承包工作，启动牧区草原承包经营权确权登记颁证试点。

2. 加快推进征地制度改革。依法征收农民集体所有土地，要提高农民在土地增值收益中的分配比例，确保被征地农民生活水平有提高、长远生计有保障。加快修订土地管理法，尽快

出台农民集体所有土地征收补偿条例。完善征地补偿办法，合理确定补偿标准，严格征地程序，约束征地行为，补偿资金不落实的不得批准和实施征地。改革和完善农村宅基地制度，加强管理，依法保障农户宅基地使用权。依法推进农村土地综合整治，严格规范城乡建设用地增减挂钩试点和集体经营性建设用地流转。农村集体非经营性建设用地不得进入市场。

3. 加强农村集体“三资”管理。因地制宜探索集体经济多种有效实现形式，不断壮大集体经济实力。以清产核资、资产量化、股权管理为主要内容，加快推进农村集体“三资”管理的制度化、规范化、信息化。健全农村集体财务预决算、收入管理、开支审批、资产台账和资源登记等制度，严格农村集体资产承包、租赁、处置和资源开发利用的民主程序，支持建设农村集体“三资”信息化监管平台。鼓励具备条件的地方推进农村集体产权股份合作制改革。探索集体经济组织成员资格界定的具体办法。

六、改进农村公共服务机制，积极推进城乡公共资源均衡配置

按照提高水平、完善机制、逐步并轨的要求，大力推动社会事业发展和基础设施建设向农村倾斜，努力缩小城乡差距，加快实现城乡基本公共服务均等化。

1. 加强农村基础设施建设。加大公共财政对农村基础设施建设的覆盖力度，逐步建立投入保障和运行管护机制。“十二

五”期间基本解决农村饮水安全问题。农村电网升级改造要注重改善农村居民用电和农业生产经营供电设施，中央投资继续支持农村水电供电区电网改造和农村水电增效扩容改造。推进西部地区、连片特困地区乡镇、建制村通沥青（水泥）路建设和东中部地区县乡公路改造、连通工程建设，加大农村公路桥梁、安保工程建设和渡口改造力度，继续推进农村乡镇客运站网建设。加快宽带网络等农村信息基础设施建设。促进农村沼气可持续发展，优化项目结构，创新管理方式，鼓励新技术研发应用。加大力度推进农村危房改造和国有林区（场）棚户区、国有垦区危房改造，加快实施游牧民定居工程和以船为家渔民上岸安居工程。健全村级公益事业一事一议财政奖补机制，积极推进公益性乡村债务清理化解试点。科学规划村庄建设，严格规划管理，合理控制建设强度，注重方便农民生产生活，保持乡村功能和特色。制定专门规划，启动专项工程，加大力度保护有历史文化价值和民族、地域元素的传统村落和民居。农村居民点迁建和村庄撤并，必须尊重农民意愿，经村民会议同意。不提倡、不鼓励在城镇规划区外拆并村庄、建设大规模的农民集中居住区，不得强制农民搬迁和上楼居住。加强山洪、地质灾害防治，加大避灾移民搬迁投入。

2. 大力发展农村社会事业。完善农村中小学校舍建设改造长效机制。办好村小学和教学点，改善办学条件，配强师资力量，方便农村学生就近上学。设立专项资金，对在连片特困地区乡、村学校和教学点工作的教师给予生活补助。深入实施农村重点文化惠民工程，建立农村文化投入保障机制。健全农村三级医疗卫生服务网络，加强乡村医生队伍建设。继续提高新型农村合作医疗政府补助标准，积极推进异地结算。健全新型农村社会养老保险政策体系，建立科学合理的保障水平调整机制，研究探索与其他养老保险制度衔接整合的政策措施。加强农村最低生活保障的规范管理，有条件的地方研究制定城乡最低生活保障相对统一的标准。完善农村优抚制度，加快农村社会养老服务体系建设。加大扶贫开发投入，全面实施连片特困地区区域发展与扶贫攻坚规划。搞好农村人口和计划生育工作。

3. 有序推进农业转移人口市民化。把推进人口城镇化特别是农民工在城镇落户作为城镇化的重要任务。加快改革户籍制度，落实放宽中小城市和小城镇落户条件的政策。加强农民工职业培训、社会保障、权益保护，推动农民工平等享有劳动报酬、子女教育、公共卫生、计划生育、住房租购、文化服务等基本权益，努力实现城镇基本公共服务常住人口全覆盖。各级党委、政府和社会各界要高度重视农村留守儿童、留守妇女、留守老人问题，加强生产扶持、社会救助、人文关怀，切实保障他们的基本权益和人身安全。

4. 推进农村生态文明建设。加强农村生态建设、环境保护和综合整治，努力建设美丽乡村。加大三北防护林、天然林保护等重大生态修复工程实施力度，推进荒漠化、石漠化、水土流失综合治理。巩固退耕还林成果，统筹安排新的退耕还林任务。探索开展沙化土地封禁保护区建设试点工作。加强国家木材战略储备基地和林区基础设施建设，提高中央财政国家级公益林补偿标准，增加湿地保护投入，完善林木良种、造林、森林抚育等林业补贴政策，积极发展林下经济。继续实施草原生态保护补助奖励政策。加强农作物秸秆综合利用。搞好农村垃圾、污水处理和土壤环境治理，实施乡村清洁工程，加快农村河道、水环境综合整治。发展乡村旅游和休闲农业。创建生态文明示范县和示范村镇。开展宜居村镇建设综合技术集成示范。

七、完善乡村治理机制，切实加强以党组织为核心的农村基层组织建设

顺应农村经济社会结构、城乡利益格局、农民思想观念的深刻变化，加强农村基层党建工作，不断推进农村基层民主政治建设，提高农村社会管理科学化水平，建立健全符合国情、规范有序、充满活力的乡村治理机制。

1. 强化农村基层党组织建设。切实发挥基层党组织战斗堡垒作用，夯实党在农村的执政基础。扩大农村党组织和党的工作覆盖面，加强基层党组织带头人队伍建设。强化村干部“一定三有”政策，健全村级组织运转和基本公共服务经费保障机制，提升推动农村发展、服务农民群众能力。加强农民合作社党建工作，完善组织设置，理顺隶属关系，探索功能定位。加强农村党风廉政建设，强化农村基层干部教育、管理和监督，开展集中查办和预防涉农惠农领域贪污贿赂等职务犯罪专项工作，坚决查处发生在农民身边的腐败问题。

2. 加强农村基层民主管理。进一步健全村党组织领导的充满活力的村民自治机制，继续推广“四议两公开”等工作法。充分发挥村务监督委员会作用，逐步建立责权明晰、衔接配套、运转有效的村级民主监督机制。不断完善村务公开民主管理，以县（市、区）为单位统一公开目录和时间，丰富公开内容，规范公开程序，实现村务公开由事后公开向事前、事中延伸。深入推进乡镇政务公开，推行乡镇财政预算、公共资源配置、重大建设项目、社会公益事业等领域的信息公开。有序发展民事调解、文化娱乐、红白喜事理事会等社区性社会组织，发挥农民自我管理、自我服务、自我教育、自我监督的作用。

3. 维护农民群众合法权益。坚持党和政府主导，依法维护、统筹兼顾广大农民群众多种利益，畅通和规范诉求表达、利益协调、权益保障渠道，加强农村信访工作，引导群众依法理性维护自身权益。通过人民调解、行政调解、司法调解等有效途径，妥善处理农村各种矛盾纠纷。依法保障外出村民在本村、外来人口在居住村的民主权利和物质利益。推进和谐矿区建设。建立减轻农民负担长效机制。巩固乡镇机构改革成果，加强社会管理和公共服务职能，推动乡镇干部直接联系服务群众。

4. 保障农村社会公共安全。加强农村抗灾救灾、警务消防、疫病防控等设施建设，严格执行农村学校、医院等公共设施建筑质量标准，增强农村突发公共事件和自然灾害的应对处置能力。深化农村平安建设，完善立体化社会治安防控体系，落实在农村警务室连续工作一定年限人员的有关激励政策。加强农村交通安全管理，创建平安畅通县市。依法打击乡村黑恶势力、黄赌毒和各种刑事犯罪。切实加强农村精神文明建设，深入开展群众性精神文明创建活动，全面提高农民思想道德素质和科学文化素质。加强农村法制宣传教育，落实党的民族和宗教政策，树立健康文明、遵纪守法的社会新风尚。

关于加大改革创新力度 加快农业现代化建设的若干意见

2015年2月1日，中共中央、国务院印发《关于加大改革创新力度 加快农业现代化建设的若干意见》（以下简称《意见》）。《意见》强调，2015年农业农村工作要全面贯彻落实党的十八大和十八届三中、四中全会精神，以邓小平理论、"三个代表"重要思想、科学发展观为指导，深入贯彻习近平总书记系列重要讲话精神，主动适应经济发展新常态，按照稳粮增收、提质增效、创新驱动的总要求，继续全面深化农村改革，全面推进农村法治建设，推动新型工业化、信息化、城镇化和农业现代化同步发展，努力在提高粮食生产能力上挖掘新潜力，在优化农业结构上开辟新途径，在转变农业发展方式上寻求新突破，在促进农民增收上获得新成效，在建设新农村上迈出新步伐，为经济社会持续健康发展提供有力支撑。

一、围绕建设现代农业，加快转变农业发展方式

中国要强，农业必须强。做强农业，必须尽快从主要追求产量和依赖资源消耗的粗放经营转到数量质量效益并重、注重提高竞争力、注重农业科技创新、注重可持续的集约发展上来，走产出高效、产品安全、资源节约、环境友好的现代农业发展道路。

1. 不断增强粮食生产能力。进一步完善和落实粮食省长负责制。强化对粮食主产省和主产县的政策倾斜，保障产粮大县重农抓粮得实惠、有发展。粮食主销区要切实承担起自身的粮食生产责任。全面开展永久基本农田划定工作。统筹实施全国高标准农田建设总体规划。实施耕地质量保护与提升行动。全面推进建设占用耕地剥离耕作层土壤再利用。探索建立粮食生产功能区，将口粮生产能力落实到田块地头、保障措施落实到具体项目。创新投融资机制，加大资金投入，集中力量加快建设一批重大引调水工程、重点水源工程、江河湖泊治理骨干工程，节水供水重大水利工程建设的征地补偿、耕地占补平衡实行与铁路等国家重大基础设施项目同等政策。加快大中型灌区续建配套与节水改造，加快推进现代灌区建设，加强小型农田水利基础设施建设。实施粮食丰产科技工程和盐碱地改造科技示范。深入推进粮食高产创建和绿色增产模式攻关。实施植物保护建设工程，开展农作物病虫害专业化统防统治。

2. 深入推进农业结构调整。科学确定主要农产品自给水平，合理安排农业产业发展优先序。启动实施油料、糖料、天然橡胶生产能力建设规划。加快发展草牧业，支持青贮玉米和苜蓿等饲草料种植，开展粮改饲和种养结合模式试点，促进粮食、经济作物、饲草料三元种植结构协调发展。立足各地资源优势，大力培育特色农业。推进农业综合开发布局调整。支持粮食主产区发展畜牧业和粮食加工业，继续实施农产品产地初加工补助政策，发展农产品精深加工。继续开展园艺作物标准园创建，实施园艺产品提质增效工程。加大对生猪、奶牛、肉牛、肉羊标准化规模养殖场（小区）建设支持力度，实施畜禽良种工程，加快推进规模化、集约化、标准化畜禽养殖，增强畜牧业竞争力。完善动物疫病防控政策。推进水产健康养殖，加大标准池塘改造力度，继续支持远洋渔船更新改造，加强渔政渔港等渔业基础设施建设。

3. 提升农产品质量和食品安全水平。加强县乡农产品质量和食品安全监管能力建设。严格农业投入品管理，大力推进农业标准化生产。落实重要农产品生产基地、批发市场质量安全检验检测费用补助政策。建立全程可追溯、互联共享的农产品质量和食品安全信息平台。开展农产品质量安全县、食品安全城市创建活动。大力发展名特优新农产品，培育知名品牌。健全食品安全监管综合协调制度，强化地方政府法定职责。加大防范外来有害生物力度，保护农林业生产安全。落实生产经营者主体责任，严惩各类食品安全违法犯罪行为，提高群众安全感和满意度。

4. 强化农业科技创新驱动作用。健全农业科技创新激励机制，完善科研院所、高校科研人员与企业人才流动和兼职制度，推进科研成果使用、处置、收益管理和科技人员股权激励改革试点，激发科技人员创新创业的积极性。建立优化整合农业科技规划、计划和科技资源协调机制，完善国家重大科研基础设施和大型科研仪器向社会开放机制。加强对企业开展农业科技研发的引导扶持，使企业成为技术创新和应用的主体。加快农业科技创新，在生物育种、智能农业、农机装备、生态环保等领域取得重大突破。建立农业科技协同创新联盟，依托国家农业科技园区搭建农业科技融资、信息、品牌服务平台。探索建立农业科技成果交易中心。充分发挥科研院所、高校及其新农村发展研究院、职业院校、科技特派员队伍在科研成果转化中的作用。积极推进种业科研成果权益分配改革试点，完善成果完成人分享制度。继续实施种子工程，推进海南、甘肃、四川三大国家级育种制种基地建设。加强农业转基因生物技术研究、安全管理、科学普及。支持农机、化肥、农药企业技术创新。

5. 创新农产品流通方式。加快全国农产品市场体系转型升级，着力加强设施建设和配套服务，健全交易制度。完善全国农产品流通骨干网络，加大重要农产品仓储物流设施建设力度。加快千亿斤粮食新建仓容建设进度，尽快形成中央和地方职责分工明确的粮食收储机制，提高粮食收储保障能力。继续实施农户科学储粮工程。加强农产品产地市场建设，加快构建跨区域冷链物流体系，继续开展公益性农产品批发市场建设试点。推进合作社与超市、学校、企业、社区对接。清理整顿农产品运销乱收费问题。发展农产品期货交易，开发农产品期货交易新品种。支持电商、物流、商贸、金融等企业参与涉农电子商务平台建设。开展电子商务进农村综合示范。

6. 加强农业生态治理。实施农业环境突出问题治理总体规划和农业可持续发展规划。加强农业面源污染治理，深入开展测土配方施肥，大力推广生物有机肥、低毒低残留农药，开展秸秆、畜禽粪便资源化利用和农田残膜回收区域性示范，按规定享受相关财税政策。落实畜禽规模养殖环境影响评价制度，大力推动农业循环经济发展。继续实行草原生态保护补助奖励政策，开展西北旱区农牧业可持续发展、农牧交错带已垦草原治理、东北黑土地保护试点。加大水生生物资源增殖保护力度。建立健全规划和建设项目水资源论证制度、国家水资源督察制度。大力推广节水技术，全面实施区域规模化高效节水灌溉行动。加大水污染防治和水生态保护力度。实施新一轮退耕还林还草工程，扩大重金属污染耕地修复、地下水超采区综合治理、退耕还湿试点范围，推进重要水源地生态清洁小流域等水土保持重点工程建设。大力推进重大林业生态工程，加强营造林工程建设，发展林业产业和特色经济林。推进京津冀、丝绸之路经济带、长江经济带生态保护与修复。摸清底数、搞好规划、增加投入，保护好全国的天然林。提高天然林资源保护工程补助和森林生态效益补偿标准。继续扩大停止天然林商业性采伐试点。实施湿地生态效益补偿、湿地保护奖励试点和沙化土地封禁保护区补贴政策。加快实施退牧还草、牧区防灾减灾、南方草地开发利用等工程。建立健全农业生态环境保护责任制，加强问责监管，依法依规严肃查处各种破坏生态环境的行为。

7. 提高统筹利用国际国内两个市场两种资源的能力。加强农产品进出口调控，积极支持优势农产品出口，把握好农产品进口规模、节奏。完善粮食、棉花、食糖等重要农产品进出口和关税配额管理，严格执行棉花滑准税政策。严厉打击农产品走私行为。完善边民互市贸易政策。支持农产品贸易做强，加快培育具有国际竞争力的农业企业集团。健全农业对外合作部际联席会议制度，抓紧制定农业对外合作规划。创新农业对外合作模式，重点加强农产品加工、储运、贸易等环节合作，支持开展境外农业合作开发，推进科技示范园区建设，开展技术培训、科研成果示范、品牌推广等服务。完善支持农业对外合作的投资、财税、金融、保险、贸易、通关、检验检疫等政策，落实到境外从事农业生产所需农用设备和农业投入品出境的扶持政策。充分发挥各类商会组织的信息服务、法律咨询、纠纷仲裁等作用。

二、围绕促进农民增收，加大惠农政策力度

中国要富，农民必须富。富裕农民，必须充分挖掘农业内部增收潜力，开发农村二、三产业增收空间，拓宽农村外部增收渠道，加大政策助农增收力度，努力在经济发展新常态下保持城乡居民收入差距持续缩小的势头。

8. 优先保证农业农村投入。增加农民收入，必须明确政府对改善农业农村发展条件的责任。坚持把农业农村作为各级财政支出的优先保障领域，加快建立投入稳定增长机制，持续增加财政农业农村支出，中央基建投资继续向农业农村倾斜。优化财政支农支出结构，重点支持农民增收、农村重大改革、农业基础设施建设、农业结构调整、农业可持续发展、农村民生改善。转换投入方式，创新涉农资金运行机制，充分发挥财政

资金的引导和杠杆作用。改革涉农转移支付制度，下放审批权限，有效整合财政农业农村投入。切实加强涉农资金监管，建立规范透明的管理制度，杜绝任何形式的挤占挪用、层层截留、虚报冒领，确保资金使用见到实效。

9. 提高农业补贴政策效能。增加农民收入，必须健全国家对农业的支持保护体系。保持农业补贴政策连续性和稳定性，逐步扩大“绿箱”支持政策实施规模和范围，调整改进“黄箱”支持政策，充分发挥政策惠农增收效应。继续实施种粮农民直接补贴、良种补贴、农机具购置补贴、农资综合补贴等政策。选择部分地方开展改革试点，提高补贴的导向性和效能。完善农机具购置补贴政策，向主产区和新型农业经营主体倾斜，扩大节水灌溉设备购置补贴范围。实施农业生产重大技术措施推广补助政策。实施粮油生产大县、粮食作物制种大县、生猪调出大县、牛羊养殖大县财政奖励补助政策。扩大现代农业示范区奖补范围。健全粮食主产区利益补偿、耕地保护补偿、生态补偿制度。

10. 完善农产品价格形成机制。增加农民收入，必须保持农产品价格处于合理水平。继续执行稻谷、小麦最低收购价政策，完善重要农产品临时收储政策。总结新疆棉花、东北和内蒙古大豆目标价格改革试点经验，完善补贴方式，降低操作成本，确保补贴资金及时足额兑现到农户。积极开展农产品价格保险试点。合理确定粮食、棉花、食糖、肉类等重要农产品储备规模。完善国家粮食储备吞吐调节机制，加强储备粮监管。落实新增地方粮食储备规模计划，建立重要商品商贸企业代储制度，完善制糖企业代储制度。运用现代信息技术，完善种植面积和产量统计调查，改进成本和价格监测办法。

11. 强化农业社会化服务。增加农民收入，必须完善农业服务体系，帮助农民降成本、控风险。抓好农业生产全程社会化服务机制创新试点，重点支持为农户提供代耕代收、统防统治、烘干储藏等服务。稳定和加强基层农技推广等公益性服务机构，健全经费保障和激励机制，改善基层农技推广人员工作和生活条件。发挥农村专业技术协会在农技推广中的作用。采取购买服务等方式，鼓励和引导社会力量参与公益性服务。加大中央、省级财政对主要粮食作物保险的保费补贴力度。将主要粮食作物制种保险纳入中央财政保费补贴目录。加快研究出台对地方特色优势农产品保险的中央财政以奖代补政策。扩大森林保险范围。支持邮政系统更好地服务“三农”。创新气象为农服务机制，推动融入农业社会化服务体系。

12. 推进农村一二三产业融合发展。增加农民收入，必须延长农业产业链、提高农业附加值。立足资源优势，以市场需求为导向，大力发展特色种养业、农产品加工业、农村服务业，扶持发展一村一品、一乡（县）一业，壮大县域经济，带动农民就业致富。积极开发农业多种功能，挖掘乡村生态休闲、旅游观光、文化教育价值。扶持建设一批具有历史、地域、民族特点的特色景观旅游村镇，打造形式多样、特色鲜明的乡村旅游休闲产品。加大对乡村旅游休闲基础设施建设的投入，增强线上线下营销能力，提高管理水平和服务质量。研究制定促进乡村旅游休闲发展的用地、财政、金融等扶持政策，落实税收优惠政策。激活农村要素资源，增加农民财产性收入。

13. 拓宽农村外部增收渠道。增加本民收入，必须促进农民转移就业和创业。实施农民工职业技能提升计划。落实同工同酬政策，依法保障农民工劳动报酬权益，建立农民工工资正常支付的长效机制。保障进城农民工及其随迁家属平等享受城镇基本公共服务，扩大城镇社会保险对农民工的覆盖面，开展好农民工职业病防治和帮扶行动，完善随迁子女在当地接受义务教育和参加中高考相关政策，探索农民工享受城镇保障性住房的具体办法。加快户籍制度改革，建立居住证制度，分类推进农业转移人口在城镇落户并享有与当地居民同等待遇。现阶段，不得将农民进城落户与退出土地承包经营权、宅基地使用权、集体收益分配权相挂钩。引导有技能、资金和管理经验的农民工返乡创业，落实定向减税和普遍性降费政策，降低创业成本和企业负担。优化中西部中小城市、小城镇产业发展环境，为农民就地就近转移就业创造条件。

14. 大力推进农村扶贫开发。增加农民收入，必须加快农村贫困人口脱贫致富步伐。以集中连片特困地区为重点，加大投入和工作力度，加快片区规划实施，打好扶贫开发攻坚战。推进精准扶贫，制定并落实建档立卡的贫困村和贫困户帮扶措施。加强集中连片特困地区基础设施建设、生态保护和基本公共服务，加大用地政策支持力度，实施整村推进、移民搬迁、乡村旅游扶贫等工程。扶贫项目审批权原则上要下放到县，省市切实履行监管责任。建立公告公示制度，全面公开扶贫对象、资金安排、项目建设等情况。健全社会扶贫组织动员机制，搭建社会参与扶贫开发平台。完善干部驻村帮扶制度。加强贫困监测，建立健全贫困县考核、约束、退出等机制。经济发达地区要不断提高扶贫开发水平。

三、围绕城乡发展一体化，深入推进新农村建设

中国要美，农村必须美。繁荣农村，必须坚持不懈推进社会主义新农村建设。要强化规划引领作用，加快提升农村基础设施水平，推进城乡基本公共服务均等化，让农村成为农民安居乐业的美丽家园。

15. 加大农村基础设施建设力度。确保如期完成“十二五”农村饮水安全工程规划任务，推动农村饮水提质增效，继续执行税收优惠政策。推进城镇供水管网向农村延伸。继续实施农村电网改造升级工程。因地制宜采取电网延伸和光伏、风电、小水电等供电方式，2015 年解决无电人口用电问题。加快推进西部地区和集中连片特困地区农村公路建设。强化农村公路养护管理的资金投入和机制创新，切实加强农村客运和农村校车安全管理。完善农村沼气建管机制。加大农村危房改造力度，统筹搞好农房抗震改造。深入推进农村广播电视、通信等村村通工程，加快农村信息基础设施建设和宽带普及，推进信息进村入户。

16. 提升农村公共服务水平。全面改善农村义务教育薄弱学校基本办学条件，提高农村学校教学质量。因地制宜保留并办好村小学和教学点。支持乡村两级公办和普惠性民办幼儿园建设。加快发展高中阶段教育，以未能继续升学的初中、高中毕业生为重点，推进中等职业教育和职业技能培训全覆盖，逐步实现免费中等职业教育。积极发展农业职业教育，大力培养新型职业农民。全面推进基础教育数字教育资源开发与应用，扩大农村地区优质教育资源覆盖面。提高重点高校招收农村学生比例。加强乡村教师队伍建设，落实好集中连片特困地区乡村教师生活补助政策。国家教育经费要向边疆地区、民族地区、革命老区倾斜。建立新型农村合作医疗可持续筹资机制，同步提高人均财政补助和个人缴费标准，进一步提高实际报销水平。全面开展城乡居民大病保险，加强农村基层基本医疗、公共卫生能力和乡村医生队伍建设。推进各级定点医疗机构与省内新型农村合作医疗信息系统的互联互通，积极发展惠及农村的远程会诊系统。拓展重大文化惠民项目服务"三农"内容。加强农村最低生活保障制度规范管理，全面建立临时救助制度，改进农村社会救助工作。落实统一的城乡居民基本养老保险制度。支持建设多种农村养老服务和文化体育设施。整合利用现有设施场地和资源，构建农村基层综合公共服务平台。

17. 全面推进农村人居环境整治。完善县域村镇体系规划和村庄规划，强化规划的科学性和约束力。改善农民居住条件，搞好农村公共服务设施配套，推进山水林田路综合治理。继续支持农村环境集中连片整治，加快推进农村河塘综合整治，开展农村垃圾专项整治，加大农村污水处理和改厕力度，加快改善村庄卫生状况。加强农村周边工业“三废”排放和城市生活垃圾堆放监管治理。完善村级公益事业一事一议财政奖补机制，扩大农村公共服务运行维护机制试点范围，重点支持村内公益事业建设与管护。完善传统村落名录和开展传统民居调查，落实传统村落和民居保护规划。鼓励各地从实际出发开展美丽乡村创建示范。有序推进村庄整治，切实防止违背农民意愿大规模撤并村庄、大拆大建。

18. 引导和鼓励社会资本投向农村建设。鼓励社会资本投向农村基础设施建设和在农村兴办各类事业。对于政府主导、财政支持的农村公益性工程和项目，可采取购买服务、政府与社会资本合作等方式，引导企业和社会组织参与建设、管护和运营。对于能够商业化运营的农村服务业，向社会资本全面开放。制定鼓励社会资本参与农村建设目录，研究制定财税、金融等支持政策。探索建立乡镇政府职能转移目录，将适合社会兴办的公共服务交由社会组织承担。

19. 加强农村思想道德建设。针对农村特点，围绕培育和践行社会主义核心价值观，深入开展中国特色社会主义和中国梦宣传教育，广泛开展形势政策宣传教育，提高农民综合素质，提升农村社会文明程度，凝聚起建设社会主义新农村的强大精神力量。深入推进农村精神文明创建活动，扎实开展好家风好家训活动，继续开展好媳妇、好儿女、好公婆等评选表彰活动，开展寻找最美乡村教师、医生、村官等活动，凝聚起向上、崇善、爱美的强大正能量。倡导文艺工作者深入农村，创作富有乡土气息、讴歌农村时代变迁的优秀文艺作品，提供健康有益、喜闻乐见的文化服务。创新乡贤文化，弘扬善行义举，以乡情乡愁为纽带吸引和凝聚各方人士支持家乡建设，传承乡村文明。

20. 切实加强农村基层党建工作。认真贯彻落实党要管党、从严治党的要求，加强以党组织为核心的农村基层组织建设，充分发挥农村基层党组织的战斗堡垒作用，深入整顿软弱涣散基层党组织，不断夯实党在农村基层执政的组织基础。创新和完善农村基层党组织设置，扩大组织覆盖和工作覆盖。加强乡村两级党组织班子建设，进一步选好管好用好带头人。严肃农村基层党内政治生活，加强党员日常教育管理，发挥党员先锋模范作用。严肃处理违反党规党纪的行为，坚决查处发生在农民身边的不正之风和腐败问题。以农村基层服务型党组织建设为抓手，强化县乡村三级便民服务网络建设，多为群众办实事、办好事，通过服务贴近群众、团结群众、引导群众、赢得群众。严格落实党建工作责任制，全面开展市县乡党委书记抓基层党建工作述职评议考核。

四、围绕增添农村发展活力，全面深化农村改革

全面深化改革，必须把农村改革放在突出位置。要按照中央总体部署，完善顶层设计，抓好试点试验，不断总结深化，加强督查落实，确保改有所进、改有所成，进一步激发农村经

济社会发展活力。

21. 加快构建新型农业经营体系。坚持和完善农村基本经营制度，坚持农民家庭经营主体地位，引导土地经营权规范有序流转，创新土地流转和规模经营方式，积极发展多种形式适度规模经营，提高农民组织化程度。鼓励发展规模适度的农户家庭农场，完善对粮食生产规模经营主体的支持服务体系。引导农民专业合作社拓宽服务领域，促进规范发展，实行年度报告公示制度，深入推进示范社创建行动。推进农业产业化示范基地建设和龙头企业转型升级。引导农民以土地经营权入股合作社和龙头企业。鼓励工商资本发展适合企业化经营的现代种养业、农产品加工流通和农业社会化服务。土地经营权流转要尊重农民意愿，不得硬性下指标、强制推动。尽快制定工商资本租赁农地的准入和监管办法，严禁擅自改变农业用途。

22. 推进农村集体产权制度改革。探索农村集体所有制有效实现形式，创新农村集体经济运行机制。出台稳步推进农村集体产权制度改革的意见。对土地等资源性资产，重点是抓紧抓实土地承包经营权确权登记颁证工作，扩大整省推进试点范围，总体上要确地到户，从严掌握确权确股不确地的范围。对非经营性资产，重点是探索有利于提高公共服务能力的集体统一运营管理有效机制。对经营性资产，重点是明晰产权归属，将资产折股量化到本集体经济组织成员，发展多种形式的股份合作。开展赋予农民对集体资产股份权能改革试点，试点过程中要防止侵蚀农民利益，试点各项工作应严格限制在本集体经济组织内部。健全农村集体"三资"管理监督和收益分配制度。充分发挥县乡农村土地承包经营权、林权流转服务平台作用，引导农村产权流转交易市场健康发展。完善有利于推进农村集体产权制度改革的税费政策。

23. 稳步推进农村土地制度改革试点。在确保土地公有制性质不改变、耕地红线不突破、农民利益不受损的前提下，按照中央统一部署，审慎稳妥推进农村土地制度改革。分类实施农村土地征收、集体经营性建设用地入市、宅基地制度改革试点。制定缩小征地范围的办法。建立兼顾国家、集体、个人的土地增值收益分配机制，合理提高个人收益。完善对被征地农民合理、规范、多元保障机制。赋予符合规划和用途管制的农村集体经营性建设用地出让、租赁、入股权能，建立健全市场交易规则和服务监管机制。依法保障农民宅基地权益，改革农民住宅用地取得方式，探索农民住房保障的新机制。加强对试点工作的指导监督，切实做到封闭运行、风险可控，边试点、边总结、边完善，形成可复制、可推广的改革成果。

24. 推进农村金融体制改革。要主动适应农村实际、农业特点、农民需求，不断深化农村金融改革创新。综合运用财政税收、货币信贷、金融监管等政策措施，推动金融资源继续向"三农"倾斜，确保农业信贷总量持续增加、涉农贷款比例不降低。完善涉农贷款统计制度，优化涉农贷款结构。延续并完善支持农村金融发展的有关税收政策。开展信贷资产质押再贷款试点，提供更优惠的支农再贷款利率。鼓励各类商业银行创新

“三农”金融服务。农业银行“三农”金融事业部改革试点覆盖全部县域支行。农业发展银行要在强化政策性功能定位的同时，加大对水利、贫困地区公路等农业农村基础设施建设的贷款力度，审慎发展自营性业务。国家开发银行要创新服务“三农”融资模式，进一步加大对农业农村建设的中长期信贷投放。提高农村信用社资本实力和治理水平，牢牢坚持立足县域、服务“三农”的定位。鼓励邮政储蓄银行拓展农村金融业务。提高村镇银行在农村的覆盖面。积极探索新型农村合作金融发展的有效途径，稳妥开展农民合作社内部资金互助试点，落实地方政府监管责任。做好承包土地的经营权和农民住房财产权抵押担保贷款试点工作。鼓励开展“三农”融资担保业务，大力发展政府支持的“三农”融资担保和再担保机构，完善银担合作机制。支持银行业金融机构发行“三农”专项金融债，鼓励符合条件的涉农企业发行债券。开展大型农机具融资租赁试点。完善对新型农业经营主体的金融服务。强化农村普惠金融。继续加大小额担保财政贴息贷款等对农村妇女的支持力度。

25. 深化水利和林业改革。建立健全水权制度，开展水权确权登记试点，探索多种形式的水权流转方式。推进农业水价综合改革，积极推广水价改革和水权交易的成功经验，建立农业灌溉用水总量控制和定额管理制度，加强农业用水计量，合理调整农业水价，建立精准补贴机制。吸引社会资本参与水利工程建设和运营。鼓励发展农民用水合作组织，扶持其成为小型农田水利工程建设和管护主体。积极发展农村水利工程专业化管理。建立健全最严格的林地、湿地保护制度。深化集体林权制度改革。稳步推进国有林场改革和国有林区改革，明确生态公益功能定位，加强森林资源保护培育。建立国家用材林储备制度。积极发展符合林业特点的多种融资业务，吸引社会资本参与碳汇林业建设。

26. 加快供销合作社和农垦改革发展。全面深化供销合作社综合改革，坚持为农服务方向，着力推进基层社改造，创新联合社治理机制，拓展为农服务领域，把供销合作社打造成全国性为“三农”提供综合服务的骨干力量。抓紧制定供销合作社条例。加快研究出台推进农垦改革发展的政策措施，深化农场企业化、垦区集团化、股权多元化改革，创新行业指导管理体制、企业市场化经营体制、农场经营管理体制。明晰农垦国有资产权属关系，建立符合农垦特点的国有资产监管体制。进一步推进农垦办社会职能改革。发挥农垦独特优势，积极培育规模化农业经营主体，把农垦建成重要农产品生产基地和现代农业的示范带动力量。

27. 创新和完善乡村治理机制。在有实际需要的地方，扩大以村民小组为基本单元的村民自治试点，继续搞好以社区为基本单元的村民自治试点，探索符合各地实际的村民自治有效实现形式。进一步规范村“两委”职责和村务决策管理程序，完善村务监督委员会的制度设计，健全村民对村务实行有效监督的机制，加强对村干部行使权力的监督制约，确保监督务实管用。激发农村社会组织活力，重点培育和优先发展农村专业协会类、公益慈善类、社区服务类等社会组织。构建农村立体化社会治安防控体系，开展突出治安问题专项整治，推进平安乡镇、平安村庄建设。

五、围绕做好“三农”工作，加强农村法治建设

农村是法治建设相对薄弱的领域，必须加快完善农业农村法律体系，同步推进城乡法治建设，善于运用法治思维和法治方式做好“三农”工作。同时要从农村实际出发，善于发挥乡规民约的积极作用，把法治建设和道德建设紧密结合起来。

28. 健全农村产权保护法律制度。完善相关法律法规，加强对农村集体资产所有权、农户土地承包经营权和农民财产权的保护。抓紧修改农村土地承包方面的法律，明确现有土地承包关系保持稳定并长久不变的具体实现形式，界定农村土地集体所有权、农户承包权、土地经营权之间的权利关系，保障好农村妇女的土地承包权益。统筹推进与农村土地有关的法律法规制定和修改工作。抓紧研究起草农村集体经济组织条例。加强农业知识产权法律保护。

29. 健全农业市场规范运行法律制度。健全农产品市场流通法律制度，规范市场秩序，促进公平交易，营造农产品流通法治化环境。完善农产品市场调控制度，适时启动相关立法工作。完善农产品质量和食品安全法律法规，加强产地环境保护，规范农业投入品管理和生产经营行为。逐步完善覆盖农村各类生产经营主体方面的法律法规，适时修改农民专业合作社法。

30. 健全“三农”支持保护法律制度。研究制定规范各级政府“三农”事权的法律法规，明确规定中央和地方政府促进农业农村发展的支出责任。健全农业资源环境法律法规，依法推进耕地、水资源、森林草原、湿地滩涂等自然资源的开发保护，制定完善生态补偿和土壤、水、大气等污染防治法律法规。积极推动农村金融立法，明确政策性和商业性金融支农责任，促进新型农村合作金融、农业保险健康发展。加快扶贫开发立法。

31. 依法保障农村改革发展。加强农村改革决策与立法的衔接。农村重大改革都要于法有据，立法要主动适应农村改革和发展需要。实践证明行之有效、立法条件成熟的，要及时上升为法律。对不适应改革要求的法律法规，要及时修改和废止。需要明确法律规定具体含义和适用法律依据的，要及时作出法律解释。实践条件还不成熟、需要先行先试的，要按照法定程序作出授权。继续推进农村改革试验区工作。深化行政执法体制改革，强化基层执法队伍，合理配置执法力量，积极探索农林水利等领域内的综合执法。健全涉农行政执法经费财政保障机制。统筹城乡法律服务资源，健全覆盖城乡居民的公共法律服务体系，加强对农民的法律援助和司法救助。

32. 提高农村基层法治水平。深入开展农村法治宣传教育，增强各级领导、涉农部门和农村基层干部法治观念，引导农民增强学法尊法守法用法意识。健全依法维权和化解纠纷机制，引导和支持农民群众通过合法途径维权，理性表达合理诉求。

依法加强农民负担监督管理。依靠农民和基层的智慧，通过村民议事会、监事会等，引导发挥村民民主协商在乡村治理中的积极作用。

参考文献

［1］Liesbeth Dries，Thomas Reardon，Johan F. M. Swinnen. The Rapid Rise of Supermarkets in Central and Eastern Europe：Implications for the Agrifood Sector and Rural Development［J］. Journal Home，2004，22（5）：525-556.

［2］Hernandez R. Supermarkets，Wholesalers，and Tomato Growers in Guatemala［J］. Agricultural Economics，2007，36（3）：281-290.

［3］Narasimhan，Talluri. Beware of the Risks，and Snap up the Opprtunities in 2010［R］. IFPSM Ezine Highlights，2010.

［4］Marietta S.，Francesca Sgobbi. Alternative Paths for the Growth of E-commerce［J］. Futures，2001（1）：67-72.

［5］L. A. Zadeh. Fuzzy Sets as a Basis for a Theory of Possibility［J］. Fuzzy Sets and Systems，1978（1）：3-28.

［6］张浩，安玉发. 农超对接流通模式发展趋势展望［J］. 农业展望，2010（1）.

［7］张瑜，王岳龙，杨伟民. 农民专业合作组织的联盟博弈

分析——基于 Shapley 值法的农超对接利益分配 [J]. 学习与实践，2010 (4).

[8] 刘阳. 农超对接流通模式的影响因素及策略探析 [J]. 中州学刊，2011 (4).

[9] 沈默. 基于农超对接模式的联动效益研究 [J]. 农业经济，2010 (11).

[10] 凌六一，胡中菊，郭晓龙. 随机产出和随机需求下农超对接模式的分析与协调 [J]. 系统工程，2011，29 (9).

[11] 李莹，杨伟民，张侃，胡定寰. 农民专业合作社参与农超对接的影响因素分析 [J]. 农业技术经济，2011 (5).

[12] 花永剑. 农超对接合作模式探讨 [J]. 北方经济，2010 (9).

[13] 曾祥明. 农超对接：农民增收的市场化新路径 [D]. 中央民族大学博士学位论文，2010.

[14] 熊会兵，肖文韬. 农超对接实施条件与模式分析 [J]. 农业经济问题，2011 (2).

[15] 孙梦. 农超对接：新流通进行式 [J]. 商周刊，2011 (6).

[16] 张天平，蒋景海. 三层次供应链绩效评价指标体系的构建 [J]. 求索，2010 (6).

[17] 董伟. 以超市为核心企业的农产品供应链绩效评价研究 [D]. 北京交通大学博士学位论文，2010.

[18] 张学志，陈功玉. 我国农产品供应链的运作模式选择

[J]. 中国流通经济，2009（10）.

［19］刘超. 战略管理视角下的供应链绩效评价研究［J］. 北京工商大学学报，2010（3）.

［20］吴岩. "以销定产"：合作社经营的更高境界［J］. 中国农民合作社，2011（1）.

［21］隋姝妍. 浅析我国农超对接制约因素及消除措施［J］. 陕西农业科学，2010（6）.

［22］胡定寰，杨伟民. 农超对接：意义与挑战［J］. 农村经营管理，2010（4）.

［23］宾幕容. 农产品连锁超市经营问题研究［D］. 湖南农业大学硕士学位论文，2007.

［24］林乐碳. 基于 DEA 模型的农超对接模式的绩效研究［J］. 中国经贸导刊，2010（9）：4-8.

［25］曹艳媚，王咏红，高瑛. 农产品供应链绩效评价研究［J］. 安徽农业科学，2008（8）：57-62.

［26］霍佳震，马秀波. 集成化供应链——绩效评价体系及应用实例［M］. 北京：清华大学出版社，2007.

［27］高阳，陆杉. 供应链绩效评价研究述评［J］. 商业时代，2007（7）.

［28］洪伟民，刘晋. 供应链绩效评价研究综述［J］. 商业研究，2006（8）.

［29］张天平. 供应链绩效指标模糊综合评价模型［J］. 统计与决策，2009（22）.

［30］王丽杰，吕有晨. 供应链整体绩效评价指标体系的构建研究［J］. 生产力研究，2007（11）.

［31］陈科宇，谢秋菊. 农产品供应链中供应商绩效评价研究［J］. 农村经济与科技，2009（12）.

［32］殷筱琴，周海炜. 企业业绩的模糊综合评价［J］. 统计与决策，2004（9）.

［33］姜增伟. 农超对接：反哺农业的一种好形式［J］. 求是，2009（23）.

［34］张世晴，李书华. 现代零售价值链提升现代农业发展［J］. 南京理工大学学报，2010（4）.

［35］顾建国. 促进农超对接的几点建议［J］. 中国农民合作社，2010（2）.

［36］林坚，陈志钢，傅新红. 农产品供应链管理与农业产业化经营：理论与实践［M］. 北京：中国农业出版社，2007.

［37］李军民，朱有志，曾福生，唐浩. 借鉴国外成功经验，提升我国农产品供应链的管理能力［J］. 江苏农业科学，2007.

［38］兰萍. 全球化背景下农产品供应链的发展及对策研究［J］. 北方经贸，2005（12）.

［39］刘宏. 综合评价中指标权重确定方法的研究［J］. 河北工业大学学报，2005，25（4）.

［40］李季芳. 基于核心企业的水产品供应链管理研究［D］. 中国海洋大学博士学位论文，2008.

［41］彭建仿，范秀荣. 试析农户在涉农供应链中的地位和

作用［J］. 中国农业科技导报，2005（3）.

［42］ 邓俊森. 农产品供应链价值增值制约因素分析——基于农户信息共享视角的探讨［J］. 农村经济，2009（5）.

［43］ 高云. 基于供应链视角的农业产业化组织模式研究［D］. 山东理工大学博士学位论文，2011.

［44］ 卫涛. 从日本物流的发展过程探讨我国物流业发展战略［J］. 太原科技大学学报，2007（2）.

［45］ 王莲芬，许树柏. 层次分析法引论［M］. 北京：中国人民大学出版社，1990.

［46］ 谭跃进. 定量分析方法［M］. 北京：中国人民大学出版社，2007.

［47］ 王宗军. 综合评价的方法问题及其研究趋势［J］. 管理科学学报，1998，1（1）.

［48］ 殷慧慧. 哈尔滨市农超对接绩效评价与提升对策研究［D］. 东北农业大学博士学位论文，2016.

［49］ 秦纪媛. 基于 AHP 模型的农超对接绩效评价研究［D］. 东北农业大学博士学位论文，2012.

［50］ 彭芬，张明玉. 农产品农超对接体系绩效评价模型构建［J］. 管理现代化，2015（2）：84-86.

［51］ 李林燕. 山西省农民专业合作社参与“农超对接”模式评价研究［D］. 山西财经大学博士学位论文，2015.

［52］ 袁元. 西安市农超对接模式的优化研究［D］. 兰州财经大学博士学位论文，2015.

[53] 李慧娟，赵婷婷，张茂. 基于农超对接模式下农产品供应链存在的问题及对策 [J]. 现代农业科技，2011 (18).

[54] 陈立条，贾伟强.“农超对接”农产品供应链运作模式问题与对策研究 [J]. 物流科技，2016 (8).

[55] 施颖佳. 农超对接供应链模式 SWOT 分析与对策研究 [J]. 现代营销 (下旬刊)，2017 (3).

[56] 祝坤艳.“农超对接”农产品模式发展机制与对策研究 [J]. 改革与战略，2016 (6).

[57] 全国城市农贸中心联合会. 完善供应链建设 推动农产品流通智慧改革 [N]. 新农村商报，2017-05-31 (A12).

[58] 张存禄. 供应链风险管理 [M]. 北京：清华大学出版社，2007.

[59] 金菊良. 复杂系统智能评价方法与应用 [M]. 北京：科学出版社，2007.

[60] 王彬. 鲜活农产品流通模式与流通效率的实证研究 [D]. 江南大学博士学位论文，2008.

[61] 杨伟民. 中国蔬菜供应链结构优化研究 [D]. 中国农业科学院博士学位论文，2006.

[62] 马士华等. 供应链管理 [M]. 北京：机械工业出版社，2000.

[63] 霍佳震，马秀波，朱琳婕. 集成化供应链绩效评价体系及应用 [M]. 北京：清华大学出版社，2005.

[64] 杨子江. 基于农超对接的农产品供应链运作分析 [J].

商业经济研究，2016（11）.

[65] 郑光财.“农超对接”亟待解决的八大问题［J］. 中国市场，2011（15）.

[66] 殷丽玲.“农超对接”模式运作中的问题及对策研究［J］. 物流技术，2011（5）.

[67] 胡定寰. 迎接农超对接的机遇和挑战［J］. 中国合作经济，2010（6）.

[68] 张琼.“农超对接”的困局与破解策略［J］. 北方经济，2010（3）.

[69] 胡定寰，杨伟民，张瑜.“农超对接”与农民专业合作社发展［J］. 农村经营管理，2009（8）.

[70] 凌宁波，朱凤荣. 构建由超市主导的生鲜农产品供应链［J］. 农村经济，2006（7）.

[71] 杜栋. 现代综合评价方法与案例精选［M］. 北京：清华大学出版社，2008.

[72] 胡定寰.“农超对接”怎样做？［M］. 北京：中国农业科学技术出版社，2010.

[73] 夏春玉. 中国农村流通体制改革研究［M］. 北京：经济科学出版社，2009.